智元微库
OPEN MIND

成长也是一种美好

走出幻灭

TOUT LE MONDE
PEUT-IL TOMBER EN
DÉPRESSION?

精神分析师
对抑郁的全新解读

[法] 简-大卫·纳索 —————— 著

李祉莹 —————— 译

马晓韵 —————— 审

人民邮电出版社

北京

图书在版编目（CIP）数据

走出幻灭：精神分析师对抑郁的全新解读 /（法）
简 - 大卫·纳索著；李祉莹译 . —北京：人民邮电出版
社，2022.6（2024.2重印）
　ISBN 978-7-115-59061-9

　Ⅰ．①走… Ⅱ．①简… ②李… Ⅲ．①抑郁 - 心理调
节 - 通俗读物 Ⅳ．① B510.6-49

　中国版本图书馆 CIP 数据核字（2022）第 057311 号

◆ 著　　　　［法］简 - 大卫·纳索
　译　　　　李祉莹
　责任编辑　张渝涓
　责任印制　周昇亮
◆ 人民邮电出版社出版发行　　北京市丰台区成寿寺路 11 号
　邮编 100164　　电子邮件 315@ptpress.com.cn
　网址 https://www.ptpress.com.cn
　涿州市京南印刷厂印刷
◆ 开本：880×1230　1/32
　印张：7.25　　　　　　　　　2022 年 6 月第 1 版
　字数：260 千字　　　　　　　2024 年 2 月河北第 2 次印刷
　著作权合同登记号　图字：01 - 2022 - 0988 号

定　价：59.80 元
读者服务热线：（010）67630125　印装质量热线：（010）81055316
反盗版热线：（010）81055315
广告经营许可证：京东市监广登字 20170147 号

推荐序一

　　根据世界卫生组织的最新统计，全世界每五个人中就有一个人，在生命的某个阶段会经历一次抑郁症。同时，全球有 4500 万人正在饱受双相情感障碍的折磨，超过 2000 万人受到精神分裂症的困扰，其中超过一半的精神分裂症患者没有得到应有的照护。抑郁症的诱因复杂多样，童年的创伤、成长的挫折、生活信心的丧失等都可能导致抑郁。

　　药物可以调节人的神经生物系统，认知行为可以帮助人调整应对抑郁症的思维方式，但是要彻底改变抑郁症人群的人格结构，精神分析最有话语权。过去 100 多年里，精神分析对抑郁的理解与探索从未停止，对抑郁症人群开展工作的一个关键步骤就在于提供持久、深刻的共情。共情，是人与人之间一项极为重要的能力。被看见、被听见，是疗愈人心的良方。然而，共情的能力却没有一开始就受到精神分析的重视。

立志做一名科学家的西格蒙德·弗洛伊德（Sigmund Freud），毕生致力于研究潜意识、童年、攻击驱力等。当时在精神分析领域盛行着用精准诠释作为治疗手段的传统，精神分析家们将患者应对冲突的回避视为防御，着力于通过解释使患者获得治愈。彼时的海因兹·科胡特（Heinz Kohut）人到中年，是一位备受尊重的弗洛伊德派学者，也是颇有威望的导师。然而，因为一位患者，科胡特从根本上颠覆了精神分析的传统。

有位 F 小姐来找科胡特进行精神分析，在最初的一年中，F 小姐凭借她过人的聪颖在分析中取得了很大进展。然而，在接下来的分析中，F 小姐会说一段，停下来，让科胡特立刻给出反馈。科胡特通常会将 F 小姐所说的内容进行总结梳理，然后反馈给她。有时，他会加上一句F小姐上次提到的或者她自己已经知道的内容。F小姐会在这时勃然大怒，冲科胡特吼叫："你毁了我的分析！"这样的情况发生了很多次，如果按照经典派的观点，F小姐的表现被视为移情，她可能是将对抚养者的感受移置到科胡特身上，因此当治疗进展到关键时刻，F小姐出现了阻抗，拒绝向更深处探究，而是通过对分析师的攻击转移焦点。这么解释，一点问题没有，科胡特所接受的训练和多年经验足够支持他这么做。如果F小姐因此离开治疗，那么只能说明她的防御将她带离了精神分析。

　　然而，科胡特没有。他仔细聆听F小姐一节又一节的抱怨，真诚地抱持她的愤怒，并且将自己彻底代入F小姐的世界，去体验那是怎样的一种感受。在这样被注视和倾听的过程里，F小姐冷静下来，渐渐地，她告诉科胡特，童年时，每一次放学回来，兴致勃勃地向妈妈讲起自己在学校发生的事，她的妈妈总会曲解她的意思，不管她说什么，她的妈妈就像没听见一样并按照自己的方式去理解。在不知道原因的情况下，科胡特的注视与聆听、真诚与共情，恰恰弥补了 F 小姐在童年时极其缺失的东西。于是，科胡特理解到，F 小姐为他分配了一个特定的角色，他是幼年 F 小姐世界观架构中的一个重要部分；他意识到，F 小姐需要的，就是他不断共情性地回应她展现的各种能力，并对这种能力给予肯定和认可。基于这一点，科胡特创立了镜映移情、自体客体等一系列概念。这些概念的提出成为自体心理学的起点。可以说，整个自体心理学都是关于共情的。

　　我的督导师詹姆斯·费诗（James Fisch）博士是一位年近 90 岁的精神分析师，他曾是科胡特的被督导者及同事。出生于集中营的他，在职业生涯中有 10 年的时间在以色列执业，那时的以色列战火纷飞，有时做着分析，防空警报响起，他需要和患者戴上防毒面具躲进防空洞。他向我讲过一个现象：在他当时供职的精神病院，有一个重症病房，里面住的是极其严重的精神病患者。很多重度精神分裂患者长期没有意识，需要护士喂饭穿衣。然而，就在防空警报响起时，医院里人人自危，患者都处于要戴上防毒面具的混乱之中，这些许多年没有意识的患者，会突然恢复意识，像个普通人一样能够说话、交流并进行逻辑思维。然而，当世界重归安宁，这些患者又会逐渐退回到没有意识、生活无法自理的状态。同样的情形，在伦敦遭到轰炸时也发生过，几乎每一次世界陷入混乱无序，精神病房里都会发生相似的情形，没有人能够对此做出合理的解释。

我听后的第一反应是，这些人的生存本能让他们在危急时刻调动了潜在的力量支撑他们完成必要的存续动作。督导师说，他有一个视角——当世界陷入混乱，所有人都经历恐慌、无助、绝望时，外部现实和这些患者的内部世界一致了。这些患者，第一次感受到自己被理解，被这无序的周遭环境共情，这一刻，他们不再是另类的、少数的、病态的，他们感到真正地被理解。

　　婴儿眼睛最清晰的焦距为 12 厘米，这个长度刚好是妈妈用臂弯环抱婴儿时双方目光的距离。从出生起，人就需要被看见、被听见、被理解。共情，是刻录在人类基因中的密码，感同身受的本能让我们关注同伴的处境，理解他人的痛苦。很多时候，共情不是你落入井底，我趴在井口告诉你如何爬出来，而是我也下到井底，坐在你身边，陪你安静地待着，你想说话，我会认真听，你不想说话，我会陪着你沉默，我们共同感受井底的寒冷、潮湿，一起体会绝境的痛苦。

　　在本书的每一处，你都能看到作者对抑郁症患者深刻的共情。这不仅得益于作者数十年如一日地与来访者一起工作，还取决于这位精神分析师以人为本的态度。幻想破灭，每个人可能都经历过。但是一些人的幻想破灭导致了抑郁症，一些人却没有。本书以幻灭为主线，详述了抑郁症人群的内心世界，让你直观、深刻、感同身受地体验到抑郁症这只黑狗的方方面面。

　　心与心的连接，最难能可贵。在互联网时代，我们最亲密的互动不再是人与人，而是人与手机。图片配句子的朋友圈状态、短短几十字的微博评论，让我们看不到对面那个人，也无法真正感受到对方的痛苦。网络暴力激增很可能的一个原因是，当我们评论时看不到屏幕另一端那个人的表情、眼神、动作，从而失去了共情的可能，既不能留意到负面言论给他人带来的痛楚，也不能在别人有需要时及时地伸出援手。

　　在越来越多抑郁症导致的悲剧面前，本书教会了人如何去理解自己、理解他人。对临床工作者而言，本书提供了一个清晰的视角，让他们可以更好地共情来访者，以不带敌意的坚决、不含诱惑的深情。

马晓韵

心理学博士

国家二级心理咨询师

中美精神分析联盟 CAPA 督导组毕业

推荐序二

> 不要离开幻想，一旦幻想消失，你也许可以继续安在，但生活将从此和你无缘。
>
> ——马克·吐温

看完一场漫威漫画公司出品的电影，走出电影院时，你的表达欲会被充分激发，如果有同行的伙伴，那么你们很可能会继续沉浸在剧情里，讨论半天。类似的体验有很多，看完一部剧情跌宕起伏的电视剧，读完一本情节扣人心弦的小说，你都会有这样的感觉：故事里的那个世界让人沉浸，不想回到现实世界。

在弗洛伊德看来，文学艺术来自幻想或白日梦，用来满足遭到压抑而无法实现的愿望。我们有很多天

马行空的愿望是无法在现实世界中得到满足的：拥有
至高的权力、获得永恒的爱……

　　每个人的内在都是诗人，至少当他是一个孩子的
时候。有一次，我在工作室的等候室里休息，一对等
候的母女在那里玩耍。等候室里放着沙盘，那位七八
岁的小女孩就在那里玩沙盘。她在沙盘的中间摆放了
一座高塔，她说那是通天塔，可以通往天上。妈妈问：
"天上都有什么呢？"她想了想，在通天塔的上方摆上
了拱门，拱门的后面是一片草地，上面有玉米、石头
和兔子。小女孩说，那个玉米是"水晶能量"，小兔子
吃了之后，就会变大；那个石头是"破坏魔法"，小兔
子只要碰到它，就会变小；如果总是碰到石头而吃不
到玉米，小兔子就会死掉。

　　你看，在这样一个幻想里，小女孩构建了她的想
象世界：小兔子得到"能量"会变大，被"破坏"会
变小。有时候，小女孩打翻了柜子上的沙盘玩具，她
的妈妈会不耐烦地冲她怒吼。小女孩低着头、弓着背，

身体蜷缩起来。她变小了！这一刻，妈妈的怒吼就是"破坏魔法"。

每个人都曾幻想"长大"、拥有无限的"能量"。你会把这种幻想寄托在某些神话角色或英雄人物身上，七十二变的孙悟空、身披战甲的钢铁侠、运筹帷幄的诸葛亮……在他们身上，你看到了无限的"能量"。你渴望成为他们，给自己制作钢铁侠的"战甲"，用扇子"假装"孔明，拿根棍子大吼一声"吃俺老孙一棒"。这种"假装"给你力量感，让你觉得自己在小朋友中是无比强大的。

但终有一天幻想会破灭，西方的小孩终有一天会知道，圣诞老人不存在；在我们的成长过程中，我们也会逐渐知道，"金箍棒"没有魔法。

幻想的破灭让人抑郁。这是本书作者想要告诉你的核心观点。他描述了一种叫"心头好"的存在，那是每个成年人潜在的幻想。你不再是一个天真无邪的儿童，那些天马行空的"游戏"与"幻想"再也无法吸引你，甚至谈论幻想、感受和想象自己的幻想，都会令你感到羞耻。你悄悄地把它们藏起来，不让别人看见。于是，幻想成为每个成年人最隐秘的"财产"，被我们珍视并保护起来，成为一种"心头好"的存在。

正常的抑郁情绪和病理性的抑郁症有所不同。当一个人失去"心头好"，意识到这一切都是幻想、现实并非如此的时候，有些人会陷入"正常的抑郁情绪"，而有些人会产生病理性的抑郁症，其中的差别是微妙的。比如，这种"心头好"是对爱的渴望，一个人失去爱人时，会产生正常的抑郁情绪，他／她觉得："我感到十分难过，他／她为什么要离开？这不是我第一次被甩了，我感到很难过，但我知道，自己死不了。"这是一种能够从幻想破灭中恢复过来的状态，他／她会感到痛苦，也很悲伤，但无论这种痛苦多么严重，他／她都不会被毁掉。

病理性的抑郁症就完全不同，当患者从一个幻想里跌落，他们觉得自己不仅仅失去了这个"心头好"，仿佛也失去了整个人生。

为什么会有这样的差别呢？

想想看，那个第一次知道圣诞老人不存在的小朋友，那个第一次意识到金箍棒没有魔法的小朋友，是如何应对那次幻想破灭的呢？他们可能会震惊、愤怒、害怕和难过，认识到此前被告知的许许多多的故事，都是巨大的谎言。但是，心理健康的小朋友，会在妈妈的安抚下渐渐平静下来，开始认真思考："圣诞老人不存在，又会怎么样呢？圣诞节的时候，爸爸妈妈还是会把圣诞礼物塞到袜子里，悄悄地送给我。爸爸妈妈就是那个爱我的圣诞老人呀。"幻想里那个帮助人变大的"魔法"消失了，但现实里让人安心的"爱"还在那里。

在什么情况下，遭遇幻想破灭的人无法被安抚呢？那就是，对那个小朋友来说，现实里的"爱"不在了。或许，那个发现圣诞老人不存在的早上，他独自一人在家，他被完全忽视，孤零零地待在家里。更甚，这种被孤零零地扔在家里的生活，就是他一直以来需要面对的现实，那个"圣诞老人"，是他幻想中的寄托——终有一天，圣诞老人会接走我，带我离开这个冷清的家，带我坐雪橇，去环游世界。

所以，作者认为，病理性的抑郁症根源在于情感上的打击和内在的抑郁倾向。所谓倾向，就是人在童年时期因被抛弃、虐待等而产生精神创伤，进而把自己隐匿在幻想世界中，但这个幻想世界恰恰是最容易破灭、崩塌的地方。

走出幻灭，就是走出幻想破灭时震惊、愤怒、害怕和难过的情绪，让现实的挫折仅仅是一次挫折，而不是一次毁灭。这是走出抑郁症的核心。关于"如何干预抑郁症患者"，作者有这样一段话。

我不仅要干预抑郁症患者，我还要干预躲藏在抑郁症患者身后的那个拥有自恋情结的人。同理，我不仅要处理抑郁型悲伤的问题，还要处理导致抑郁型悲伤的双重幻想缺失的问题。最后，当我面对一个悲伤之人时，我时刻提醒自己要去剖析致使其心神不宁的问题之下埋藏的怨恨情绪。这就是我们的前提条件。

这意味着，因幻想破灭而产生的情感，是朝几个不同的方向发展的。第一个方向是自恋。当外在的现实世界令人失望时，人们的注意力就会投向自己。"你们不是不爱我吗？那我也不爱你们！"于是这个人的关注点全部退回到自己身上，他不再关心外在的现实世界，只想如何让自己变好。当这种自恋的投注走向极端时，这个人与外界全然隔绝，看起来外表强硬，但内心是孤独的、脆弱的，轻轻一碰就会心碎。

第二个方向是双重幻想的缺失。在我看来，作者所谓的"双重幻想"，是一种外部客体与内部客体的组合，而双重幻想是既"幻想"外部客体的"失去"（实际上，可能并不一定失去了），又"幻想"内部客体的"失去"（这个失去发生在童年早期，而不是现在）。举个例子，一个人丢掉一份工作，这件事情引发了他的"双重幻想"，他幻想着，既失去了外部客体（谋生的能力，实际上，他只是失去了一份工作，而非谋生的能力），又失去了内部客体（生存所需的"营养"，童年时期父母没有给予充分的"营养"，这种印象留到了现在）。

　　第三个方向是怨恨情绪。当幻想破灭时，人们会怨恨，可是怨恨谁呢？实际上，可能找不到可以怨恨的对象，人们就只能怨恨导致自己幻想破灭的那个人。比如，告诉我圣诞老人不存在的那个叔叔。可是，并不是那个叔叔让圣诞老人不存在的，但在幻想破灭的那一刻，"我才不管，我就是怨恨那个人。谁叫他告诉我这个坏消息的呢"。同样，丢掉一份工作、结束一段感情，我们自然会怨恨上司、怨恨离开的爱人。他们是把"圣诞老人不存在"这个消息传递给我们的人，于是我们怨恨他们。可是，"永恒的爱""无比的能力"这些幻想，就像"圣诞老人不存在"一样，事实如此，

　　而非带来消息的那个"信使"造成的。剖析这种怨恨，找到背后的幻想及其动力，是化解这种怨恨的基础。

　　本书的作者简 - 大卫·纳索（Juan-David Nasio）是一位精神病学专家、精神分析师。精神分析的历史，离不开探究人类幻想的历史，优秀的精神分析师总是善于用敏锐的觉察力，走进人们内心幽暗的深处，找到那个让人沉溺的幻想世界。阅读他的文字，你需要动用一些想象力，随着幻想的脚步，进入人类精神世界的大门。

曾　旻

2022 年 3 月 14 日

你即将阅读的这三部分的内容，是我在巴黎面向多位专业和非专业听众的演讲内容。我希望，没有任何精神分析教育背景的读者也能够读到这些内容。我诚挚地希望，当你读到这本书时，能够在享受阅读之乐的同时，放下内心的负累。

简－大卫·纳索

目录
CONTENTS

第一部分

何谓抑郁症

下列内容的对象并不是所有人，

而是每一个独立的个体。

——简－大卫·纳索

　　我会在本书中给大家带来三部分的内容，但愿这些内容能够符合各位的期望。我知道或许阅读这本书的人大多是与心理学相关的专业人士，可能会经常接触抑郁症患者。我由衷地希望我所分享的内容能够对大家有所帮助，让大家能够改变对抑郁症的看法，倾听抑郁症患者的声音，最重要的是了解与抑郁症患者沟通的方式。

　　我在求知方面一心一意。每一次在分享知识经验时，我只有一个诉求——对大家有所帮助，希望给每个人提供价值。

我之所以说要给每个人提供价值，是因为在我的内心深处，我的分享对象并不是所有人，而是每一个独立的个体。是的，教育的本质就是点亮他人，这是一种内在且强效的影响力。传道授业不仅是以传承知识为目的，同时也是为了激发大家思考，以最符合自身心理和情感态度的方式将之付诸实践。比如，关于如何帮助抑郁症患者，我希望能够激发专业人士思考的是：完全秉持希望走进患者内心的态度，忘掉你们所学过的条条框框。

诚然，多学习知识和多积累经验很重要，但专业人士仅仅运用知识并不能完全帮助抑郁症患者，只有专业人士化身为一张白纸，调动自身人性的一面，才能为抑郁症患者带来希望。只有在屏蔽技术套路输出时，自身的人性才能让专业人士成为情感上的"新生儿"，从而全盘接受对方带来的感受。只有这样，他们才能告诉自己的患者，自己所观察到的事情和让患者痛苦不已的根源。我深信，为人师者，不论术业专攻，都应当鼓励学生去学习，然后忘掉那些规矩并以开放的心态去拥抱生命中的未知。

01   毕生难忘的日子

接下来，我们会尝试深入了解抑郁症的理论和临床症状。从 1964 年当住院实习医生起，我一直专注于这一领域的研究工作，日复一日，年复一年。我在精神病科准备专业资格证考试期间，负责对老年抑郁症患者进行随访。

我依然记得，那时的我只有 23 岁，我的科室主任对我说："纳索，从今天开始，由你负责女性老年抑郁症患者的接诊工作。"我穿着白大褂回到医院，穿过早上 8 点就已经人满为患的候诊室，她们都蜷缩在各自小小的角落里，垂头丧气，眼神空洞暗淡。

就像很多抑郁症患者一样，她们深受早醒型失眠[①]之苦，凌晨 5 点天刚亮就醒了，再难入睡，因为脑子里装着唯一的一件事就是——去医院就诊。令我印象深刻的是，就在那么一丁点儿大的诊室里，整个早上我都在不停地接诊这些痛苦不已的女士们。我一边倾听着她们诉说，一边感受着她们中某些人生活里的极端苦楚。是的，她们既抑郁又悲痛，而且悲痛中还带着丝丝不甘。

彼时，我并没有关注到这种显而易见的不忿。许久之后，我才意识到在这一层悲伤面纱的背后，我隐约窥见了那颗耿耿于怀的心；而就分析抑郁症的成因而言，我们需要让患者意识到，通常，由于至亲的"背叛"行为[②]，他们产生了不满情绪，对他人的怨艾和

① 属于失眠中的一种类型，即没有入睡困难，但存在睡眠维持障碍，是抑郁症患者常见的临床症状之一。——译者注

② 此处提及的"背叛"行为并非狭义的欺骗，而是指更抽象层面的、发生在当事人和重要他人之间的、使得当事人难以承受的重大消极事件，如至亲离世等。——编者注

对自己的憎恶交织错位——最终，他们把憎恨发泄到
自己身上，从而导致了抑郁症。

稍后，我将重新回到如何缓解抑郁症患者的悲痛
这个问题上来。但现在，我希望先和大家分享一段我
年轻时的经历，让大家感受一下我在从医之初及作为
精神分析师自由执业阶段，是如何走上专攻抑郁症之
路的。

1965 年 1 月 8 日，这是我毕生难忘的日子。那天
我接诊了我的第一位患者艾娃（Eva），这是一位正在
接受药物治疗的躁郁症①患者，在来法国之前的 4 年时
间里，我一直在关注她的情况。艾娃，瑞士人，50 岁
出头，没有孩子，她在丈夫的陪同下来寻求我的帮助。
她的丈夫个子不高，他对于妻子躁狂发作并多次企图
轻生的情况束手无策。

最让他感到绝望的，这通常也是躁郁症患者家属

————————

① 躁郁症，即双相情感障碍。——译者注

最常碰到的问题——艾娃躁狂发作时的情况，比如她会在大晚上爬起来到客厅重新粉刷墙面，会冲动地将自己置于危险之地。这属于重症症状，具有躁狂、严重的自我伤害倾向的特点，这印证了躁郁症属于精神疾病的范畴。可以肯定的是，无论这属于抑郁症的哪个分支，我都十分渴望了解它，为它构造一个理论体系并找到相应的干预方法。

02　关于抑郁症的两大观点

现在，让我们好好想一想，抑郁症到底是什么。

我们可以通过两种相反而互补的观点给抑郁症下个定义：一种观点是从描述性角度定义；另一种观点是从精神分析角度定义。

从描述性角度讲，抑郁症是一系列可观察的症状，其中最为突出的是特别反常的悲伤情绪。因此，大家发现，大部分资料里都会套用一种固定模式，把抑郁症视为一种情绪障碍，或者将其视为一种情感障碍。这是一个具有严格限制条件的定义，因为它只强调抑郁症患者的情绪以及与此相关联的各种表象。也就是说，从描述性角度讲，精神分析师并不关注抑郁症的成因是什么，而只想辨别"肥厚性悲伤"[①]这个结果。按照这种理解方式，抑郁症就只是我们肉眼所看到的现象。从我个人的经验来看，这种理解方式往往治标不治本。

从精神分析角度讲，正如我所设想的那样，精神分析师通过分析抑郁症的各种诱因对其进行精准的定义。按照这种理解方式，抑郁症还是我们肉眼所看到的现象，但关键点变成了我们背后的假设。

都有哪些假设呢？我们应该如何假设呢？

假设：坐在我面前的这个人拥有特别反常的悲伤情绪，这背后隐藏了怎样的根源——需要我做出假设。那么，当我看到他脸上的痛苦表情时，当我听到他在不断地怨天尤人、自怨自艾时，我猜测，他的抑郁源自某次让人异常伤心的往事，那可能不是一个外在的

---

① "肥厚性"是使用医学术语对某些内脏器官进行描述的一种形容方式，是病理检测报告中常见的术语。作者希望借助这个虚构的症状强调抑郁症的病理性特点。——译者注

喜好之物，而是因曾经的精神、肉体经历造成的一个内在的心结，甚至是幻想破灭。

可以说，抑郁症患者之所以悲伤，通常并不是因为他失去了曾经拥有的东西，而是因为他无法回到自己曾经的状态。我认为：是因为那个幻想的世界支撑着他曾经的状态，但它破灭了。所以，我会做出假设：这个和我说话的人很痛苦，因为他幻想的世界破灭了。

这会是什么幻想？

幻想有朝一日，天下无敌，无忧无虑。就像眼前这个抑郁症患者，在没有患上抑郁症之前，他从小生活在一个封闭的幻想"无菌舱"里，他在那里感觉到无所不能的力量，这种力量让他逃离现实世界："我想变强大就能变强大，强大到足以和厄运对抗，无所畏惧，百毒不侵。我想怎样就能怎样。"这是一种童年幻想，它会让主体变得脆弱并产生抑郁倾向①。

---

① 作者从精神分析角度给抑郁症下的定义系作者结合个人作为精神分析师的经验得出的假设，仅供读者参考。——编者注

03　对抑郁症成因的假设

对我们来说，抑郁症不仅仅是一种情绪障碍，而是从童年幻想突然转回无情现实（从"无所不能"变成"一无是处"）产生的后果。因此，我想告诉大家我对抑郁症成因的假设：首先，抑郁症是幻想破灭的病理学现象。

我会不断深入地剖析这个观点。现在，让我们先停留在这个动态说法上：抑郁症是人们对痛失幻想世界的反应，是从无比脆弱的情绪状态中、从充斥着幻想的存在形式中，过渡到真正病态的情绪状态，是突然被迫清空所有幻想造成的反应。

因此，简而言之，抑郁症是幻想破灭导致的伤心欲绝。这是我对抑郁症的第一个也是最重要的一个定义。现在，我要求大家记住"幻想破灭"这个词，因为它解释了根本问题：这是一个崩溃的动态过程。实际上，更深层次的原因是自恋幻想，更严重的后果是幻想破灭后的崩溃。我是如此坚信这种说法，以至于我曾一度想把这本书的书名改成《幻想破灭》。

　　然而，最常见的情况是，可能仅仅由于某次冲突或不愉快所造成的情感打击便可触发这种自恋①幻想的瓦解，进而导致幻想破灭。其导火线可能是某个至亲去世、爱人出轨、家庭纠纷、金钱损失或被解雇等。有时，我们能够确认抑郁症患者生活中遭受的这个打击具体是什么，有时却难以辨别，特别是当这个情感打击并不是某个单独的特定事件，而是"小怨不赦，大怨必生"类型的小型情感打击积聚到一定程度的爆发，例如在工作中长期受欺凌导致最后怒不可遏等。

---

① 此处与我们日常所说的自恋不同。弗洛伊德所说的自恋是自体性欲和客体爱的中间阶段。科胡特发展了自恋的含义，认为自恋是活力、意义和创造力的源泉，他认为自恋是至关重要的个体资源。——编者注

尽管如此，如果我们追溯到抑郁症患者的孩童时代，就会发现：如果一个人得了抑郁症，那么，他通常不仅遭受了情感打击，还可能由于被抛弃、虐待或性侵害等造成了童年心理创伤。需要强调的是，这种童年心理创伤让他患上了神经症[①]，即他会以一种冲突的方式来认知自我、至亲甚至整个世界。这种心理创伤使得孩子与现实世界的关系发生了扭曲，导致其患上了创伤后神经症[②]。

因此，我们找到了能够击倒未来那个患上抑郁症的"我"的两大颠覆性事件。

首先是 16 岁以前产生的心理创伤，但这个创伤的影响已经在尚未成形的心理现象中悄然地生根发芽；其次是成年时期发生的情感打击，打击带来的影响则

[①] 神经症，旧称神经官能症。根据《CCMD-3 中国精神障碍分类与诊断标准（第三版）》，神经症是一组主要表现为焦虑、抑郁、恐惧、强迫、疑病症状，或神经衰弱症状的精神障碍。——译者注

[②] 这是作者提出的一种说法，是指个体在经历或目睹自身、他人的创伤后，导致其本人在某个特定时间节点（或持续性）出现神经症的症状。——译者注

是主体用来弥补童年心理创伤所导致的心理不平衡而构筑的那个"无所不能"的幻想世界破灭了。

为了更好地解释这个问题，让我们打个比方。如果孩子患上脊髓灰质炎，这可能导致他的一条腿出现小儿麻痹症的症状；另外，长大以后，他把自己用来支撑病腿的拐杖弄丢了。其一，他受到了脊髓灰质炎的伤害，相当于前文说到的心理创伤；其二，他失去了拐杖，即失去了用来支撑病腿获取平衡的"幻想"，相当于前文说到的情感打击。

心理创伤造成孩子（在心理层面）深受打击，导致他可能一辈子都会为了寻找平衡而游走在情感的钢丝上，举步维艰，因而出现神经症的症状；而情感打击把已经成年的他从幻想中唤醒，导致失去平衡，进而把他推入抑郁症的深渊。总而言之，童年心理创伤带来了神经症，成年情感打击带来了抑郁症。尽管它们之间存在时间间隔，但心理创伤和情感打击是紧密相连的：两件事情就像复制、粘贴一样。现在的情感打击其实是曾经的心理创伤的激进再生。

　　需要特别说明的是，无论心理创伤还是情感打击，都可能会以一次突袭重创的方式，或者采取一系列"微影响"逐步侵蚀的长期模式，对主体造成影响，最终应激反应以一根稻草之势压垮了高度紧绷的神经。

　　所谓"微影响"，既可能是童年时期的"微创伤"，也可能是成年之后的"微情感打击"。当我们无法追溯最初的心理创伤事件或确认当前的情感打击时，我不得不自创这样一个概念来解释某些抑郁症患者的问题。

　　最后，我意识到，同样的创伤后果可能是由同一种"大规模杀伤力"的影响或是多种"微影响"叠加触发了情感风暴而产生的。当我们询问深受抑郁症困扰的患者能否想起童年时期特别伤心的事情时，有时会得到这样的回答："没有，我想不起来。我的童年其实挺愉快的。我想不起来有哪些特别痛苦或伤心的事情。"

　　但是，当我们深入了解抑郁症患者与其母亲或者兄弟姐妹的关系时会发现，尽管确实没有某一件特别深刻的创伤事件，但他的童年过得并不快乐。我们以一个被感情不顺且易怒的母亲虐待多年的小男孩为例。老实说，他从来没有挨过打，但他每天所承受的尖酸刻薄和不尊重有时比挨揍更残酷："你啥也不是！""你就像你爸一样懒！""你将来肯定一事无成！"这些出自一位母亲之口的羞辱、责骂像刀子一样伤害着孩子，把他引向了绝望的深渊。

简单来说，一个孩子承受创伤的影响，不管是某次突发事件的影响还是经年累月的影响，所导致的后果都是一样的：他的心理根基会受到伤害。而且，以此类推，一个成年人受到某个情感打击或多次"微打击"所带来的后果也是一样的：抑郁症的"潘多拉魔盒"被打开了。

04　对抑郁症的第二层定义

现在，我用一个临床术语来细化我对抑郁症现象的解释，以此引出我对抑郁症的第二层定义。

大家现在已经了解，我对抑郁症的观点并非单纯地从理论角度出发，而是从我在帮助精神分析对象的日常实践中提炼出来的结论。就像我和大家所说的那样，他们才是让我学会如何理解和干预抑郁症的关键。我还要告诉大家，抑郁症并不是以一个独立疾病主体的形式出现的，它其实是由另一种名为神经症的疾病主体所导致的"心理衰竭"①。

---

① "心理衰竭"是作者以生理疾病的命名方式提出的一种心理疾病描述。在本书中，作者多次使用这种描述来对患者病情和术语进行释义，他希望借助这种易于理解的方式让更多没有心理学专业背景的读者能够读懂相关内容。——译者注

我在前文中提到，抑郁症是从无比脆弱的情绪状态中，从充斥着幻想的存在形式中，过渡到真正病态的情绪状态，在相同的存在形式下清空所有幻想。

现在，我把"无比脆弱的情绪状态"用"神经症"来代替；把"过渡"用"神经症所导致的心理衰竭"来代替，这里的心理衰竭等同于我们之前介绍过的"幻想破灭"，相当于"失去了拐杖"的比喻。

最后，我把"真正病态的情绪状态"用"抑郁症"来代替。由此，我们可以说，抑郁症是一个深受神经症困扰的人在被情感打击击垮后所带来的精神困扰。

我想在这里介绍一下特殊背景。为了更深入地阐述我的观点，我决定把那些没有神经症症状的患者排除在外，例如：精神病患者、深受各种成瘾症困扰的人、饮食失调症患者、重症疾病患者、产后抑郁症的患者或老年病患者，以上这些患者都有患上抑郁症的可能。我选择了只研究最常见的抑郁症类型，即神经症患者。在此我用了"最常见的"这个说法，但我也可以说这是最具代表性的群体，因为只有研究这个群体的症状才能够帮助我们理解——抑郁症的根源是什么。

因此，我认为，用抑郁症来解释神经症的代偿失调①意味着临床工作者不仅应该着手于处理抑郁症的问题，还要侧重处理与之关联的神经症问题。如果专业工作者能够从根源上治愈抑郁症患者的神经症，即消除恐惧症、强迫症或癔症等症状，就有可能根治患者的抑郁症。

让我们重新提及"幻想"这个词，进一步解决抑郁症患者不切实际的幻想破灭的问题。我们首先需要找到具有抑郁症前期征兆的神经症患者的幻想根

---

① 某些人体功能可在原有器官无法正常工作的时候由"替补"代为维持，医学上称之为"代偿"。"代偿失调"可以简单理解为主力和替补都无法发挥作用的情况。——译者注

源，并让他本人意识到这个问题。我希望大家能够牢记这个专业建议，因为它明确介绍了我研究的主要方向：我不仅要治标——解决现在的抑郁症状，还期望治本——根治神经症。正因如此，为了展示精神分析师是如何为了干预抑郁症而干预神经症的，我还将在第三部分向各位更深入地介绍洛朗（Laurent）的案例，那时大家便能够了解我从首次面谈开始对抑郁症患者所采用的各种解读方式。

我要强调的是，对我来说，抑郁症就是代偿失调性神经症的临床症状，这与发烧是支气管炎加重所出现的临床症状如出一辙。不把抑郁症患者视为处于精神崩溃状态的神经症患者的干预思路，就像治疗发热患者不考虑导致发烧的感染源一样。

如果将抑郁症比作发烧，那么神经症就如同感染源。在我看来，抑郁症就是神经症的"残渣"。但千万不要误以为抑郁症与发烧或口吐白沫是一回事，抑郁症是一种具有严重自我伤害倾向的重症疾病。

　　说到发烧，医学上承认有反复出现慢性发烧症状的患者，同样也有反复出现抑郁症状的神经症患者，这是一种治愈难度极大的慢性抑郁症。

　　因此，我们知道有些患者的抑郁症发作有且仅有一次。针对这种情况，我们应当将其视为代偿失调性神经症来处理。另外，我们发现有些患者会反反复复地抑郁症发作。针对这种情况，我们需要处理每一次与之相关的代偿失调性神经症问题。需要补充的是，某些患者会始终处于慢性抑郁症状态，这属于另一种形式的慢性抑郁症。

　　在此，我给"抑郁症患者"和"忧郁的人"这两个术语做一下注释。① "抑郁症患者"是指一个表现出

---

① 弗洛伊德指出，抑郁心境源于幻灭后的哀悼和忧郁的心境，不能简单地将抑郁等同于忧郁的心境。抑郁症属于国内承认的精神科诊断，重度抑郁也会被精神科使用。但是抑郁情绪和忧郁心境是心理学描述，不是症状。神经症是精神分析的术语。——编者注

抑郁症各种特征症状的主体，而"忧郁的人"是指拥有显著忧郁特质的主体。常见的是，把"忧郁的人"作为形容词来描述所有拥有抑郁症特质的事物，如抑郁症的状态。

05　精神分析师的咨询须知

　　我在前文中对描述性观点进行了展开，还向大家仔细介绍了典型的抑郁症发作。实际上，我想强调的是，所有专业工作者在与抑郁症患者面对面交谈之前需要事先了解的事情是：抑郁症发作问题可能会自行痊愈，无须任何治疗手段。

　　首先，我们知道，哪怕患者没有接受干预，最常见的抑郁症发作往往会持续 4 ~ 6 个月的时间。在抑郁症发作持续几个月后，一部分患者会自行痊愈或症状减轻，无须任何干预手段。[①]患者通常会自然而然地忽略自行痊愈的现象，甚至专业工作者也会忽略这个

---

① 抑郁症在几个月后会自行痊愈为作者个人观点，请读者不要忽视抑郁症状，如
　　遇问题，请及时就医。——编者注

问题。那么问题出现了：既然它能自行痊愈，为什么还要对抑郁症患者进行干预呢？这是由以下 5 个具体原因决定的。

1. 为了避免让抑郁症患者及其至亲受罪。

2. 为了避免复发——别忘了，抑郁症发作具有复发和发展成慢性病的病态倾向。

3. 为了避免导致抑郁症患者轻生倾向。

4. 为了避免抑郁症患者病情加重。

5. 对抑郁症发作的分析干预是一个让当事人明白其抑郁症源于神经症导致"心理衰竭"的机会，让他明白如果不是得了抑郁症，他绝不会对引起自身痛苦的神经症进行分析。

对当事人、专业工作者而言，当前的抑郁症发作可以帮助其对回溯童年心理创伤及确认曾经发生的情感打击。

抑郁症的积极一面

克服抑郁会带来新的希望。

简－大卫·纳索

　　我给大家分享一个小故事。我曾接待了一位名叫亚历山大（Alexandre）的抑郁症患者，他来我这里咨询抑郁症三年了，我对他的咨询工作也已接近尾声。

　　当他和我讲话时，我突然冒出一个想法，我想给他读几段我当天早上所写的内容并征求他的意见："亚历山大，"我对他说道，"我想给你读一段我刚刚写的关于抑郁症的内容，我想听听你的看法。"他对我说的话感到既惊讶又好奇，随即点头答应了。

　　于是我从椅子上站了起来，拿着我的书稿并给他读了下面这段话："对抑郁症发作的分析干预是一个让当事人明白其抑郁症源于神经症导致'心理衰竭'的机会，让他明白如果不是得了抑郁症，他绝不会对引起自身痛苦的神经症进行分析。"而后，我补充道："抑郁症就好比用积极的态度来回顾自我、了解自我并接受自我的一次学习机会。"

亚历山大听完这段话后特别感动，他立刻回答我说："的确！确实如此！就我自己而言，要感谢这些年来我们一起走过的路，我确实要感谢抑郁症让我成功地找回了自我。要感谢自己得了一场病，这听起来确实很荒唐，但如果不是我之前得过抑郁症，如果不是我们一起携手打败了抑郁症，那么现在的我就不会那么心平气和，比原来随和许多，并且找到了内心的平静。"

然后，他总结道："如果没有这次危机给我带来的警示，以及接受精神分析的过程，我可能没有办法鼓起勇气接受别人刚刚给我介绍的顾问职位。"

我必须承认，当我听到亚历山大这么说的时候，我深受感动。除了很荣幸能够和你们分享这个故事，患者还有我心中的满足感油然而生，我想通过这个故事告诉大家，无论如何，只要抑郁症获得干预并消除了神经症的症状，那么它也可以"改邪归正"。

慢性抑郁症之困局

所有慢性抑郁症都是一种患得患失。

——简 – 大卫·纳索

我继续和大家分享精神分析师在干预抑郁症患者之前必须了解的事情。我向大家明确一点：在大多数情况下，抑郁症发作并不是一辈子出现一次就结束了。相反，抑郁症可能会慢慢发展成一种慢性病，就像我在前文提到的那样，抑郁症时好时坏，然后不断循环，继而发展成我们现在说到的这种形式。

伯纳黛特（Bernadette），女，74 岁，抑郁症患者，她一直接受我们的定期干预。这是一位焦虑情绪特别严重的退休数学教授，一丝不苟到了极致，而且总是一副愁眉苦脸的样子。

多年来，她一直抱怨记忆力衰退、腰椎疼痛、耳鸣等症状实在难以忍受，而且即使她睡眠时间充足，也感觉特别累。

她的抱怨给我的印象是她夸大了疼痛感，而她最终也习惯了这种疼痛感。实话说，我们之间相处得并不融洽，我很难说服她去适应种种不适，也很难与她深入沟通从而帮助她"解锁"她的病根。

实际上，她并不希望被治愈，或者说，她害怕自己会痊愈，也害怕改变，害怕改变自己的行为模式。

"最好什么都不要改变，"她对我说道，"我不要面对未知的世界，我受不了那种忐忑！"总而言之，伯纳黛特害怕痊愈的想法和对病情患得患失的态度把她变成了一个在抱怨与气馁之间无限循环的人。

作为临床工作者，我也变得气馁和畏首畏尾，就像我无法成功地帮助她对她而言反而是一种胜利，她让我感到束手无策："伯纳黛特，我不知道该怎么办了。我不知道自己还能做什么才可以帮到您！"我之所以要告诉大家我对伯纳黛特的干预会半途而废，是因为我想让大家知道，慢性抑郁症可能会和漫长而苦涩的人生画上等号[①]，这足以证明这种病的干预难度之大。

更为罕见的是，伯纳黛特的慢性抑郁症和她对改变的抵抗程度可能会日益加重，并可能发展为被我们称为"躁郁症"的精神疾病。大家应该还记得我最开始提到的瑞士患者艾娃，她病发时会交替出现重症抑郁和躁狂的症状，中间还会夹杂着短暂的平静。大家需要记住的是，躁郁症患者也可能完全没有慢性抑郁症病史。

[①] 慢性抑郁症可能会和漫长而苦涩的人生画上等号是作者的个人观点，读者请谨慎采纳。——编者注

06　抑郁症患者的特征

本节我将对上一节做一个总结，给大家解释我所了解的绝大部分抑郁症患者的情况。接下来，我会采用描述性观点给大家勾勒出抑郁症患者的临床特征。

当精神分析师（我们通常不用"心理医生"这个说法）能够在某人身上发现一系列抑郁症临床症状时，通常就可以认定这个人是抑郁症患者。我认为精神分析师首先应该具备辨别不同症状的能力，当分析对象在服用抗抑郁剂①的时候，就需要向患者了解医嘱及不良反应等问题，同时谨记药物治疗和精神分析二者是对立与统一的关系。只要我们注意患者的服药方式，

---

① 抗抑郁剂是指减轻或调整抑郁状态的药剂。它是指用特殊的药物或几种药物混合而成，解除情感障碍所引起的情绪烦恼。——译者注

抗抑郁剂就能成为辅佐我们的一道良方。

　　我对专业性尤为看重，哪怕不是医生的专业人员也需要拥有足够的知识储备，以避免出现和医生无法沟通的情况。所以，大家都应该和患者的主治精神病科医生或其他工作人员站在同一高度进行对话。这也是为什么我建议大家花点时间去了解各种最新的抗抑郁症策略，同时对抑郁症相关的最新研究成果保持开放的态度。

　　在本书的开头，我说过我所认为的关键点——在聆听抑郁症患者的关键时刻，精神分析师必须学会忘记，主动忘记所学到的各种临床知识，化身为一张白纸，以"裸感"①的方式逐一复刻心理创伤是如何让患者陷入抑郁症并产生各种有意识或无意识、表面或潜

---

① 原文直译为"工具性无意识"（inconscient instrumental），是作者提出的一个术语。其在2011年一次以"直觉和疗法"为主题的演讲中，说过："人们把它称为直觉，但我本人更愿意称它为'工具性无意识'。"为了便于理解，译者把它译为"裸感"，意思是精神分析把这种"感觉"单纯地作为一种检测手段，摒弃条条框框以达到诊断的效果。——译者注

在的感受。

抑郁症都有哪些特征呢？按照惯例，我们认为有 9 个特征[①]。切记：这些特征如果单独出现，并不足以得出抑郁症这个结论。至少需要有 5 个明显特征持续出现约两周时间，而且患者当前状态与之前存在明显变化，才能确认是抑郁症[②]障碍。

在此，我需要提醒大家：我不会对每一种症状进行客观性描述。尽管我还是采用了描述性观点，但我不能只对出现在我眼前的特征做出简单描述。我不能

[①] DSM-5 提到抑郁症诊断标准可参考以下 9 条症状：

　·抑郁心境或悲伤；

　·对于曾经喜欢的活动失去兴趣或愉悦；

　·突然或近期体重增加、体重减轻或者食欲改变；

　·失眠或嗜睡；

　·感到不安、烦躁或言语和运动迟缓；

　·疲乏或失去能量；

　·感到无价值或内疚；

　·难以集中注意力或者做决定；

　·经常想到死亡或轻生，计划轻生或企图轻生。——编者注

[②] 关于抑郁症的诊断，请到专业医院确认，切勿自行诊断。——编者注

只是通过精神分析理论和实践的视角去接收我所看到或听到的东西。

关于抑郁症的 9 个特征，我只介绍其中 3 种最重要的特征：悲伤、自身的执念与自卑、情绪困扰。

特征 1：抑郁症患者的悲伤

让我们从研究第一大症状开始入手：悲伤。这是贯穿抑郁症患者生活且具有支配性地位的感觉。但是，我要重点强调的是，这种悲伤和一般的悲伤（普通型悲伤）存在明显的区别。每个人都体验过一般的悲伤，但并不是每个人都体验过抑郁型悲伤。那么，在聊抑郁型悲伤之前，我们首先要了解一下什么是普通型悲伤。

普通型悲伤

这个如此浅显的问题让我想起了古罗马哲学家圣

奥古斯丁（Saint Augustine）试图了解时间是什么的故事。"时间是什么？"他一直在思考这个问题，"如果没有人来问我，我是知道的；但让我给它下定义，我又不知道了。"通过这位伟大哲学家的回答，我们知道了我们拥有了解某些本质问题的本能，哪怕我们并不知道如何解释。尽管如此，但我还是忍不住要尝试对悲伤感觉的内在本质做出解释。

那么，悲伤是什么？答案显而易见，这是一种感觉。那么，感觉是什么？无论悲喜，我们把各种心理状态称为感觉，它通常视具体想法而定，以无意识的方式单独或组合产生。但我们要注意区分，不能混淆，这里说的想法并不是通过思考产生的想法，而是一种感知想法。它不是智力水平的体现，而是一种场景式想法，通过把主体作为这个场景的主角，让其代入并感知一切。

那么，什么样的场景式想法能够催生并维持悲伤的感觉呢？多年来，我一直从事抑郁症研究，我发现这样一个论据：在可能产生普通型悲伤的想法中，所有其他想法几乎都无一例外地指向同一个中心思想——"失去"（丧失）的想法，一种无以言表的失落感。失去了什么？失去了我拥有的东西，失去了我所珍视的东西。所有悲伤几乎都源于失去的爱。因此，正常状态下的"悲从中来"指的是自觉失去了某人或某物，抑或曾经的理想、现在的理想，或者那些我们现在无法拥有的一切。

抑郁型悲伤

欢乐源自生，悲郁归自灭。

——简 - 大卫·纳索

如果让我们现在想一个抑郁症患者的问题：是什么想法导致他的病态悲伤？答案还是"失去了爱"的这个想法，但前提是爱得足够深刻。所有抑郁型悲伤都源于失去的挚爱。普通型悲伤的人会觉得："我很伤心，因为我失去了心中所爱，我很想念他。"

　　而一个抑郁症患者的逻辑是："我很伤心，但更糟糕的是，我的世界只剩下伤心了。我伤心的程度深入骨髓，我连睡着了都每时每刻感到悲痛欲绝。"他会继续钻牛角尖——因为失去了一个幻想所以伤心，这个幻想对无意识的"我"来说非常重要，它是"我"赖以生存的力量。这是什么幻想？幻想得到一种毫无保留的爱，而且幻想从此过上幸福美满的生活。在同时失去这两个幻想的情况下，"我"便失去了"灵魂"，失去了曾经装进"我"身上的那个"灵魂"。

　　大家会很清楚地发现，这种"失去"的想法带来了抑郁型悲伤，这是一种完全无意识的想法，它比同样出自"失去"想法的普通型悲伤更加根深蒂固。普通型悲伤所失去的，是曾经拥有的事物、"心头好"；而抑郁型悲伤所失去的，是曾经的自我——一个"人见人爱，花见花开"的"自我"。

由此，我们把问题总结为：构成普通型悲伤的要素是爱与不爱；构成抑郁型悲伤的要素是挚爱，以及在不爱的同时失去了自我。[1]

毫无疑问，抑郁型悲伤和普通型悲伤的性质存在巨大的差异。在本部分的最后，我会用一个表格来对比这两种类型的悲伤，但现在我们要描述单纯的抑郁型悲伤的特征，如外在表现、个人经历、不同的激烈程度、动机、持续时间等。

抑郁型悲伤通常有两种外在表现。有时候，悲伤悄无声息，像在黑夜中独自前行但甩不掉尾随者那样让人情绪崩溃；有时候，悲伤突如其来，像万里晴空时黑云压城的暴风雨。我之所以说悲伤能让人情绪崩溃，只是为了像电影渲染那样展示一种"沉浸式全感官体验"，这种感觉只可意会不可言传。某些时候，一

---

[1] 作者将普通型悲伤和抑郁型悲伤做了区分：普通型悲伤的关键问题是：到底还爱不爱？这个问题只是状态转变的问题，不涉及"自我"。抑郁型悲伤的关键词是"挚爱"，以及在不爱的同时失去了自我。这意味着一旦不爱了，就会形成连锁反应，直接进入"自我"毁灭程序。——译者注

个人可能会出现悲而不自知的情况：他根本哭不出来，也不会想到他所失去的人或物，但他会感到厌倦和易怒。他此时此刻的厌倦、疲惫和激动易怒都是内在的悲伤表现。

　　抑郁型悲伤的人都经历了什么？ 不管抑郁型悲伤是逐步形成还是突然形成的，这种悲伤不会风平浪静。坐立不安、苦不堪言、生不如死……这些都可以当它的形容词。事实上，隐藏在悲伤背后的幕后黑手，是强烈的不满。在"强烈的不满"这把熊熊烈火之上，架着那个劣迹斑斑的哥哥、那个出轨的丈夫、那个毫无忠诚可言的朋友、那个老奸巨猾的合伙人或是那个专制蛮横的上司……所有这些人都是他深爱过的人，但他们现在却冷酷无情地站在了他的对立面。因此，我再一次重申，精神分析师应当在干预抑郁症患者的过程中辨认潜藏在患者痛苦之下的那些强烈不满的根源，并通过多种手段让患者体验并意识到这一点。大家没有听错，我说的是让患者去体验。患者所不满的对象当然是那个"叛变"的曾经的爱人，但也包括患者自己，因为是他轻信了谎言并抱有幻想。所以，抑郁症患者内心的强烈不满既指向他人，也指向自己。

我在抑郁症患者身上看到过很多这种双重愤怒的例子，有鉴于此，我对抑郁症状态的第一层定义进行了补充。我最开始对大家说的是——抑郁症是幻想破灭导致的伤心欲绝。现在，我要再加上一句——抑郁症也是幻想破灭导致的强烈的愤怒与悲伤。

就像抑郁症患者向我坦白的："我很伤心，因为我已经从她会一直爱我的幻想中醒了过来，但我希望她因为骗我而受到惩罚！"

所谓悲伤，就是一种失落的感觉，而强烈的不满则是被背叛的感觉。悲伤的感觉只属于我自己一个人；而心生强烈的愤怒时，我不再是我自己，我疯狂地冲破理性，去摧毁那个背叛我的爱人。尽管如此，在抑郁症患者的经历中，悲伤和强烈的愤怒相互缠绕，二者合体成一种"气急败坏"的情绪，这就是怨恨。

　　怨恨是什么？它是由于曾遭受不公平待遇、自尊心受到伤害或深度失落的感觉而导致幽怨和愤恨交织的情绪。所谓怨恨，就是幽怨中夹杂着种种愤恨，愤恨中透露着丝丝幽怨。我想现在大家应该明白了：为什么我们不仅需要通过焦虑和痛苦确认抑郁型悲伤，也需要通过强烈的不满和怨恨确认抑郁型悲伤。

　　抑郁型悲伤的激烈程度。我在干预抑郁症患者的过程中了解到，抑郁症患者会体验到不同程度的悲伤、绝望、消沉、自我厌恶，甚至产生极端的想法。

　　当抑郁型悲伤披上了绝望的外衣时，会表现为对现实的无限厌恶。此时，抑郁症患者对任何人、任何事都不抱任何希望，他们认为也没有人会对他们抱有任何希望。这时，他们处于一种和正常人完全相反的感受之中；与抑郁症患者有所不同，一个健康的人会对将来有所期许，有些人会期待他人的付出，期待与某些人建立关系，抑或获得某件事物。抑郁症患者无法继续感知的，恰恰是他人和世界所带来的必不可少的动力。

当抑郁症患者达到消沉的程度时，他们常常会毫无理由地哭泣。他们会感到身心交瘁，精疲力竭，任何一个小小的举动都需要鼓起最大的勇气才能面对。与普通型悲伤"有所为而有所不为"的原则不同，抑郁型悲伤由内而外地展示着无所作为的状态。

一旦悲伤发展到抑郁症患者再也承受不了的地步，他就会故意把自己"埋藏在尘土里"。他的悲伤会化身为一种耻辱感，同时从"我接收不到任何感受"过渡到"我什么也不是，我讨厌我自己"。有时，自我厌恶会加剧并导致轻生倾向。如果你们还记得我对忧郁症的观点，就肯定会知道，抑郁型悲伤发展到这种极端程度，就对应了忧郁症患者[①]对自我的残酷排斥。

抑郁型悲伤的未知原因、持续时间和干预难度。

[①] 忧郁症患者大多具有迟钝、颓废、对外界刺激缺乏反应、妄想、幻觉以及自杀倾向等特征。现代医学的主流观点认为，忧郁症（melancholia）属于内源性抑郁，是重症抑郁症的其中一种形式。——译者注

尽管存在多种说法，但抑郁症患者的悲伤原因有时根本无法解释。开始干预之初，我们都会试着解答它是从何而来的，但其根源问题依然有待考证。至于悲伤持续时间的问题，我们所了解的情况是，一般会持续数个星期。

不会悲伤的抑郁症：隐性抑郁症和敌意抑郁症

抑郁型悲伤会转化成躯体不适、成瘾（即"隐性抑郁症"）甚至暴力行为（即"敌意抑郁症"）。我想重申一个既定事实：抑郁症患者并不一定能够感知到抑郁型悲伤，有些患者虽然处在抑郁症的状态中，但奇怪的是，他们感觉不到悲伤情绪。这种不会悲伤的抑郁症叫作"隐性抑郁症"。这里所说的抑郁型悲伤看不见、听不到，它悄无声息地披上了躯体不适的伪装，也可能是某种成瘾症，比如纵酒等。

我们可以想象这样一个场景：一个具有抑郁症前期征兆的神经症患者刚刚遭受了失恋的打击，他因遭受情感打击而性情大变，但很反常的是——他并不感到悲伤。

　　他感知不到本应该能够正常感知的悲伤情绪。我把这种"无法感知的悲伤"比喻成被禁用的功能。它自行转化为能够感知的肉体疼痛或无法抑制的成瘾症。当出现情感打击时，精神压力的余量落在了身体上，产生了"火辣辣"的痛感或亟须满足的欲望。因此，悲伤转移到身体上，产生了身体上的不适，或者对某些当前缺失的物质形成了极度渴求的身体反应。当身体感到不适时，就会表现出不明器质性原因的躯体障碍的症状。在上述各种障碍中，最常见的是头痛和背部疼痛、四肢局部疼痛或消化系统问题。在另一种情况下，当身体处于亢奋状态时，抑郁型悲伤会转化为成瘾症行为，例如纵酒、贪食症、沉迷网络游戏，甚至是赌博等非实物成瘾症。

　　此外，还有一种叫作"敌意抑郁症"的无悲伤感抑郁症变体。这种类型常见于青少年人群，具有冲动、攻击性，甚至是暴力或反社会等行为特点。

　　大家应该已经明白了患有隐性抑郁症或敌意抑郁症的人感知不到抑郁型悲伤。那么，是什么让我们能够正式确认这些感知不到抑郁型悲伤的人就是抑郁症患者？在此，我给大家提供三个标志性问题，用来甄别隐性抑郁症患者的躯体、成瘾症或攻击性等表现。

　　首先，了解前来咨询的患者是否遭受童年心理创伤；其次，最近是否发生了遭遇至亲"无端欺瞒"①的事件；最后，患者是否承认存在影响其生活的前期抑郁症症状的事实。我们通过询问患者从前的状态和出现躯体、成瘾症或攻击性表现的状态，可以了解以上状态之间是否存在某个关键性割裂。如果这三个标志性问题的指向一致，那么，精神分析师通常就可以确认眼前之人是一名无明显悲伤感知的抑郁症患者。

　　让我们来说说桑德拉的案例。桑德拉，女，50岁，

---

① 指伤害性、创伤性的事件。——编者注

曾是一位工程师，她的母亲在她出生时病亡。全科医
生以她难以忍受的不明器质性原因的背痛为由，把她
转到了我这里。桑德拉向我坦陈，她那治疗无效的腰
椎疼痛始于她和丈夫由于难以治愈的不孕不育问题而
导致婚姻破裂后不久。尽管她表现得并不是特别悲伤，
我通过观察她的言行，确认她是一名抑郁症患者。我
会在第三部分向大家介绍我在诊疗时所采用的干预抑
郁症患者的方法。

特征 2：抑郁症患者的执念和自卑

现在，让我们来考虑一下抑郁症的第二个典型症
状：自身的执念和自卑。这是对过去的挫折、眼前的
困局或广义层面上的自身平庸进行无休止、无结果的
反复思考。大家要明白的一点是，抑郁症患者总是希
望将自我隔离，他们向往独来独往，但也会感到自卑。
他们希望拒绝所有登门拜访者，独享清净，却总有自

卑思绪萦绕于心。

假设现在有一个自言自语的抑郁症恐惧症患者，他会一直对自己被疏远这件事情耿耿于怀："为什么我总是有被人拒之千里之外的感觉？我大概注定要孤独终老！"如果这是一个自言自语的抑郁症强迫症患者，他会一直对自己的无能耿耿于怀："为什么我总会搞砸所有事情？我简直一无是处！其实，我就是一个'冒牌货'。我让所有人都相信了我的能力，实际上，我的人生早已千疮百孔！"如果这是一个自言自语的抑郁症癔症患者，他会一直对自己无法获得他人的爱耿耿于怀："从来没有人真正爱过我！因为我天生不值得被爱！"

大家能够看到，抑郁症患者是怎样把自己禁锢起来的，他内心滋生了一种自卑感和一种深刻的罪恶感。这些罪恶感和悔恨源自过去曾经犯下的种种错误。显然，他觉得自卑并罪恶，但让人奇怪的是，他又按捺不住自己想要品尝罪恶感的苦楚。

特征 3：情绪困扰（抑郁症患者 情感迟钝及生活意愿衰退）

经过了悲痛和难以摆脱的自卑之后，抑郁症患者临床表现清单上的第三大症状就是——对所有与之相关的或爱好的事情丧失兴趣。什么都提不起他们的兴趣，他们对伴侣、孩子、朋友或工作都漠不关心。也就是这个时候，他们发现自己不想见任何人，对所爱之人也是万般冷淡的。他们是如此的麻木不仁，以至于没有什么事情能让其觉得惊讶或感动。世间万物，万般不值。生存于他们而言，已然"食之无味"。他们根本不想动，也感受不到运动的快乐，运动过后的快感也会被其忽略。总之，他们已经丧失了从吃饭、睡觉、身体护理、工作或娱乐等简单事情上获得幸福感的能力。

经验告诉我，抑郁症患者这种情感冷漠和反应缺失的表现均源自其情感迟钝及生活意愿衰退。抑郁症不仅是一种情感感知功能衰退，也是一种欲望功能衰退。你可能会好奇，什么才能让他们产生欲望？他们想要什么？问题并非如此简单。如果抑郁症患者已经对生活中的各个幸福瞬间失去了兴趣，如果所有事情对他们来说都带着悲情色彩，那是因为其内心深处已经失去了追求欲望满足的活力，而他本人也接受了这个事实。

这里要提一个细节。我并不是想说"抑郁症患者内心的欲望已经消失"，而是想说他们的"欲望衰退"了。只要肉体还活着，欲望就只是隐匿起来，欲望永远不会消失。无论悲伤如何被压抑，欲望始终存在，难以磨灭。绝望感让抑郁症患者倍感麻木，因此他们不再听从自己内心欲望的呼唤。

这就是抑郁症的三大症状：悲伤、自身的执念和自卑以及情绪困扰。这些临床症状共同作用，便能够勾勒出抑郁症患者的外在特点：悲伤、执拗和厌世。我刚刚说到，这是一种"共同作用"，大家好好感受一下，一个既悲伤又执拗，同时还厌世的抑郁症患者。

它不是"或者"的关系。它始终以一种"三体合一"的形式存在。

此外，抑郁症患者身上的这三大症状还会带来其他功能障碍的问题，在此我简单列举几个例子。

首当其冲的是高度的疲惫感：抑郁症患者可能睡很长时间，但每天起床时仍然感觉身心疲惫。另一个症状是日常动作迟缓。做什么事情都慢半拍——走路走得慢、想事情想得慢、说话说得慢，说话时，语气没有抑扬顿挫、面无表情。再者与感知障碍相关的迹象是难以集中注意力、无法提前做出预判、存在选择障碍，更有甚者连正常对话时都难以保持注意力集中。抑郁症患者记忆力功能障碍的问题，既导致其对过往挫折经历的强迫性记忆，也导致了其对最近所发生事情的记忆障碍。人们认为，正是由于抑郁症患者过往痛苦不堪的记忆片段所造成的干扰，许多当下的瞬间记忆出现了紊乱。

我们再来补充列举一下这些临床特征，还有另外两种属于躯体障碍的症状。我想到了进食障碍，也就是没有食欲或者贪食症；还有睡眠障碍，例如入睡困难、夜间失眠或白天早醒型失眠，还有各种由于思绪良多而导致的失眠症状。

以上就是每个人都能观察到的抑郁症患者的各种典型表现，患者本人、亲朋好友或主治医生都可以观察到。如果把它们一一罗列出来，我会这么说：当抑郁型悲伤占据主导地位时，当自卑的想法反复占据思绪时，当对任何事情都再也提不起兴趣时，当感觉自己精疲力竭而且反应迟钝笨拙时，当觉得自己没有用而且很内疚时，当脑子里"阴暗"的想法一闪而过时，当没有食欲且失眠时，尤其是当这种痛苦不堪的状态持续煎熬数周时，当很反常地联想到上述场景时，就可以确定——这是因为抑郁症。

在我刚刚给大家勾勒出来的抑郁症患者临床特点的"画像"前，我其实是为了让每一种症状都更能说明问题而故意选取了最突出的特点，但在干预过程中，抑郁症的症状通常要轻一些，特别是当首诊患者在前来就诊时已经服用了全科医生所开具的抗抑郁症药物的时候。

但是，在采用以抑郁症的无意识因素为中心思想的精神分析法观点深入解释之前（这是我们第二部分的主要内容），我希望对刚刚解释过的各种症状进行概括总结，把它们浓缩成一种主导抑郁症患者生活的倾向，那就是：保持自我封闭的状态及毫无节制的自卑感。所有我们讨论过的抑郁症症状都可以归结为一种自恋型自我封闭意识。我把抑郁症患者的自恋归类为自贬（负面自恋）情结。

这里要注意的是，自恋情结的问题比较复杂，因为在现实生活中，存在两种病理学自恋情结：一种是我们现在说到的抑郁症患者的自贬情结；另一种是我们会在第二部分里提到的具有抑郁症前期征兆的神经症患者的极端自恋情结。

可以确定的是，造成抑郁症患者反复思考自身错误的自贬情结，也属于一种保护防御型自恋情结。为什么说它是保护型呢？因为这种让抑郁症患者备受折磨的自我憎恨有着积极的一面，可以让患者的自我意识"整合"起来，同时统一了他们的思想和行动。没错，自贬情结保留了自我意识并让抑郁症患者避免沉浸在忧郁症的妄想当中。这是保护作用的根本。和忧郁症患者的分崩离析有所不同，抑郁症患者的自我意识尽管必然是悲伤的和痛苦的，但其终究存在完整、统一、无法剥离或割裂的自我意识。

　　抑郁症患者的自我意识就像一根芦苇，虽摇摆不定、进退两难，但它的根还在。大家要牢记：抑郁症不是精神病①，我甚至可以说——抑郁症是对抗精神病

---

① 在我国，抑郁症，不论轻症、中症还是重症，都属于精神障碍。重度抑郁症属于大病医保，但是不属于严重精神障碍。严重精神障碍主要是指分裂症、双相、偏执性精神病、分裂情感等。本书作者所说的忧郁症：第一，对应《CCMD-3 中国精神障碍分类与诊断标准（第三版）》的标准，属于（32.9）其他或待分类的抑郁症；第二，根据美国精神医学学会（APA）的《精神疾病诊断与统计手册》（DSM-5）的定义，是一种亚型重度抑郁症。——编者注

的一种防御手段。为什么这样说？只要抑郁症患者的自我意识没有分离割裂，它就不属于精神病的范畴；因为他们脑海里的负面想法把他们的自我意识封闭起来了，这反而给了他们言行一致的机会："我是一个抑郁症患者，我用自己的负面想法把自我意识压制住了，但我因此从疯癫的世界里成功逃离！"

　　尽管如此，抑郁症患者仍可能会在无意识的情况下尝试禁锢其饱受挫折的存在形式，进而从抑郁症向忧郁症、精神病逐渐恶化。对于抑郁症患者是如何发展成忧郁症的问题，我本人是这样理解的：抑郁症患者的一部分自我意识被"驱逐出境"并最终成为某个反复出现的幻觉声音的打击对象。仿佛这个幻听对象对自己说：我听到自己内心的那个声音，它不但羞辱我，还命令我（做某些事情），但这并不是我自己的声音，（所以）和我说话的这个声音是另一个外在的存在。

　　最后，我给大家列了一个普通型悲伤和抑郁型悲伤的对比清单（见表 1-1）。

表 1-1　普通型悲伤和抑郁型悲伤对比清单

普通型悲伤

普通型悲伤的特点

普通型悲伤可以用某些难忘的、难以承受的不幸遭遇来解释，但这种悲伤较为平静且短暂。

普通型悲伤的根源

悲伤之人知道自己为什么会悲伤。假设悲伤的原因是爱人去世，那么他不仅因为失去了难以取代的人而感到痛苦，还因为他发现逝者对他有多么重要，以及他曾经对逝者有多么重要而感到痛苦。

（续）

抑郁型悲伤

抑郁型悲伤的特点

　　抑郁症患者病态的抑郁型悲伤可以用长期焦虑、痛苦、苛刻、持续性、治疗无效以及难以根治等特点来形容。

抑郁型悲伤的根源

　　抑郁症患者不知道自己为什么会悲伤。假设他曾经被心中所爱之人背叛，那么他会认为悲伤源自爱人的恶行。这个逻辑，既对也不对。但他忽略了一个关键问题：之所以会悲伤，是因为所爱之人给自己制造的忠贞不渝的幻想破灭了。由于自己没有怀疑过这一份爱，因此滋生了另一个完美的幻想："我被疯狂地爱慕着，我就是自己梦想中的那个完美之人！"那么当他遭遇背叛的时候，一下子两个幻想（一个忠贞不渝的幻想和另一个完美圆满的幻想）都破灭了。这就是抑郁症的原因：遭遇背叛并不是根源，真正的原因是遭遇背叛令他感到自己曾经拥有的两个幼稚幻想被"戳破"了。

（续）

普通型悲伤

普通型悲伤：正常哀悼

正常哀悼时，哀悼之人会逐渐习惯逝者缺席的生活，尽管逝者已经不在，但其对逝者的爱仍然存在。需要补充说明的是，哀悼之人依然拥有爱的能力：他可能会重新爱上另一个人，不会有取代逝者的感觉。尽管依旧痛苦，但正常哀悼不是抑郁症，他无须专业人士的帮助。

普通型悲伤者的自我生活感受

尽管遭受厄运，普通型悲伤者依然拥有感受自身生活意愿的能力。

普通型悲伤者与他人之间的关系

普通型悲伤者既不会自我封闭，也不会与他人疏远。他与外部世界的交流依然保持活跃和开放。他知道自己是否需要请求或接受帮助。他的亲人或朋友总是会在他难过时提供帮助。

（续）

抑郁型悲伤

抑郁型悲伤：病理性哀悼

假设出现伴侣去世后导致抑郁症的案例，抑郁症患者无法接受伴侣去世的事实，他会把死亡这件事视为难以承受的不公，处于难以安慰的状态，无法接受新的恋爱关系。他的爱的能力"受阻"了。病理性哀悼是抑郁症的一种重症形式，需要接受专业人士的帮助。大家需要记住的是，这种哀悼可能会持续很长一段时间，就像抑郁症患者的人生在至亲去世之时便戛然而止了。

抑郁型悲伤者的自我生活感受

抑郁症患者无法继续感知自身的生活意愿。

抑郁型悲伤者与他人之间的关系

抑郁型悲伤者会自我封闭并会疏远伴侣、家人和朋友。他与外部世界的交流变得被动和迟缓。抑郁症患者可能会变得不那么友善，甚至会向共同生活的人展示其残暴的一面，而当别人希望为其提供帮助时，他会明确拒绝。对抑郁症患者的伴侣而言，共同生活的每分每秒都极具挑战性。

（续）

普通型悲伤

普通型悲伤者的自恋情结

当发生不幸时，普通型悲伤者会出于更妥善地承受痛苦的目的而自我封闭。自恋情结，也就是自我之爱，在这里是指自我安慰和自我鼓励。

普通型悲伤者的自我意识

普通型悲伤者的自我意识并未发生实质性改变。这是判断是否患上抑郁症的一个重要标准：如果自我意识并未发生实质性改变，就没有患上抑郁症；如果自我意识变成了自我怨恨，就可以确定得了抑郁症。

（续）

抑郁型悲伤

抑郁型悲伤者的自恋情结

抑郁型悲伤者之所以会自我封闭，除了因为更妥善地承受痛苦、自我隔离和逃避所有问候，还因为自卑，甚至自卑到无法自拔。

尽管如此，虽然存在精神崩溃的可能性，但他通过自我封闭让自我和外在得到了统一。抑郁症患者的自恋情结属于一种自贬（负面自恋）情结，但它对精神病起到了预防作用。切记：抑郁症患者的自贬情结与过度理想主义且具有抑郁症前期征兆的神经症患者身上的极端自恋情结具有较大差异。

抑郁型悲伤者的自我意识

抑郁症初期患者自视过高的极端自恋情结会转变成自我怨恨的自贬情结。

（续）

普通型悲伤

普通型悲伤者的时间关系

对一个健康的人而言，现在就是过去的将来，也是将来的过去。其实，现在的我并不存在，因为当我完成过去这件事的时候，我已经来到了将来；而当我马上开始做这件事的时候，我依然留在过去。现在是什么？现在只不过是继续流淌的过去，也是即将开始的将来。

（续）

抑郁型悲伤

抑郁型悲伤者的时间关系

　　健康的人通过着眼于现在回忆过去，而抑郁症患者会反复重启过去却对现在按下了暂停键。

悲痛不已的母亲和抑郁症患者

如果我要用一个例子来展示普通型悲伤者和抑郁症患者的差别，我想到的是一个由于女儿在 8 岁时意外去世而意志消沉的妈妈的悲剧故事。很显然，这位母亲承受着他人难以想象的痛苦，但她的情况和抑郁症有所不同，她没有得抑郁症。区别在于：这位母亲知道自己为什么而悲伤，而抑郁症患者却不知道；这位母亲因为未能避免意外发生而感到内疚，而抑郁症患者因为自己的存在而感到内疚；最后一点，这位母亲在没有失去自我意识的情况下进行自责，抑郁症患者会无节制地自责，直至失去自我意识。

在举这个例子之前，以及读到我所做的对比清单的时候，想必大家都会有这样一个印象：觉得普通型悲伤者和抑郁症患者之间差异甚大。但在现实生活中，这个差异并不总是那么显而易见。我其实是故意将普通型悲伤和抑郁型悲伤拉大了差距来展示给大家。这样做是为了尽量突出二者之间的区别，同时为各位读者提供一个便捷使用的对比列表。

　　我将在第二部分和大家一起从精神分析的角度深入探讨抑郁症的无意识根源。

第二部分

人人都会抑郁吗

抑郁症者，

冰冻三尺非一日之寒！

任何抑郁症，

都是过往侵蚀当下的漫长过程。

——简－大卫·纳索

在第一部分，我给大家介绍了描述性观点对抑郁症的解释，但大家应该察觉，我个人并不满足于对抑郁症的各种症状进行简单描述。作为一名精神分析师，我必须走得更远一点，让大家能够探寻抑郁症的根源、抑郁症的无意识根源。

关于我对抑郁症根源的主要假设，其实大家已经听我说过很多次了。大家现在回忆一下我的假设——
抑郁症状态是受到情感打击之后出现的，更准确地说，
是由于失去外在的、爱的对象而发生了痛苦的幻想破
灭，以至于失去了在这个爱的对象身上所寄托的幻想。
我还解释了受到这种打击的人之所以会患上抑郁症，
是因为他已经患上了严重的创伤后神经症，我将其称
为"抑郁症前期神经症"[①]。

　　我在前文中提到，会在第二部分以精神分析的视
角对导致抑郁症的无意识根源进行定义。如果大家还
记得我刚刚和大家再次提到的假设，就应该能够说出
抑郁症的两大根源：情感打击和幻想破灭的打击。这
属于抑郁症的导火线；而抑郁症前期神经症，也就是
抑郁症的起因，属于抑郁症的潜在原因。

---

① 该名称并非真正的医学术语，作者只是希望借助这个说法强调神经症与抑郁症
　的关系。——译者注

07　抑郁症的四个阶段

　　我会慢慢地深入解释这两种导火线和潜在原因的属性问题，但在此之前，我希望给大家展示一个示意图。我把这个示意图命名为抑郁症根源示意图（见图2-1），通过一种全新的方式和视角，把抑郁症的起源和发展分为四个阶段。

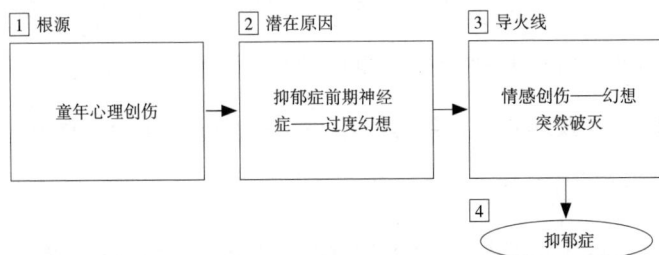

```
┌1 根源──────────┐        ┌2 潜在原因────────┐        ┌3 导火线──────────┐
│                │        │                  │        │                  │
│   童年心理创伤   │  ───▶  │ 抑郁症前期神经    │  ───▶  │ 情感创伤——幻想  │
│                │        │ 症——过度幻想    │        │ 突然破灭          │
│                │        │                  │        │                  │
└────────────────┘        └──────────────────┘        └───────┬──────────┘
                                                              │
                                                              ▼
                                                          4  ⬭ 抑郁症 ⬭
```

图 2-1　抑郁症根源示意图：抑郁症的四个阶段

08   抑郁症的节奏

如果大家仔细看图 2-1 的抑郁症根源示意图，就会发现，处于抑郁症的起源位置（图中 1 的位置）指的是童年心理创伤，它导致分析对象得了神经症，以至于具有抑郁症倾向，我把这一阶段称为抑郁症前期。我认为这个神经症是抑郁症的潜在原因，这属于第二阶段（图中 2 的位置）。到了第三阶段（图中 3 的位置），抑郁症的导火线在这时重创了分析对象，情感打击导致痛苦的幻想破灭，当事人已然失去了心中所爱之人的纯爱及对自我的纯爱。于是，神经症转化为抑郁症，即到了第四个阶段（图中 4 的位置）。

这个示意图划分了抑郁症发展的各个阶段，这是因为我希望当大家读到后面的内容时，或者当各位接

受某个受到创伤的儿童、抑郁症前期的成年人或已确
诊为抑郁症的患者咨询时，各位的脑海里能够出现像
音乐节拍似的节奏感。我认为，让大家了解这种抑郁
症的节奏非常重要，请记住它的节奏：童年重创→漫
长的抑郁症潜伏期→成年新重创→抑郁症形成。

　　大家现在已经听过这四个阶段的节奏了：精神失
认[①]→脆弱→打击→崩溃。当你能清楚地记住这几个阶
段，即便我不按时间顺序提到某个阶段，你也不会感
到困惑。考虑到阅读本书的读者很可能是临床工作者，
因此，我选择先从第三阶段说起，因为出现导火线性
质打击的这个时间节点，正是分析对象在我们面前展
示出其绝望状态的时刻。

---

① 精神失认是指在没有感官功能障碍的情况下，出现认知功能缺失的临床症状。
　 此处借用"失认"一词，强调患者受到精神创伤后，无法清楚地认知自身精神
　 层面的伤情。——译者注

09　关于幻想

如果大家问我抑郁症从何而来，我会这么回答：抑郁症是基因、神经生物学和社会心理学等多重原因造成的。

毫无疑问，遗传因素在各种抑郁症障碍的病因问题上扮演着某种角色，但至今并没有任何研究能够为"基因决定抑郁症前期个性的形成（甚至导致抑郁症）"这一论点提供清晰且决定性的证据。虽然拥有 5- 羟色胺基因及其 5-HTIA 和 5-HTIB 受体的事实已经得到了确认，甚至拥有帮助神经元存活的 BDNF 神经营养因子的基因也得到了确认，但遗传学在最终确认抑郁症基因组的跑道上，仍有很长一段路要走。

我并不否认抑郁症确实存在一定的遗传性，但根据我作为一名临床医生的观察，大部分抑郁症前期和被确诊抑郁症的患者都在童年时期遭受过创伤。而我站在理论研究人员的角度，试图找到这种创伤与抑郁症症状之间的联系。换句话说，我在尝试理解抑郁症是如何发展的，而不是抑郁症是否存在先天因素的问题。

但我还应该在深入探讨抑郁症的导火线（第三阶段）之前，再加一条备注。我们要对幻想给出一个清晰的定义，我认为这对于论证"抑郁症就是失去了让人过度沉迷的自恋幻想"的说法至关重要。

什么是幻想

首先，我想和大家说的是，对我们来说，幻想肯定是必不可少的。幻想是一种想象的、刺激性的奇思妙想，是激发我们行动力的事物。幻想是一种召唤，是希望的地平线，是使我们产生期待并推动我们努力前行的刺激物。

（续）

拥有幻想是幸运的，真正的幸运并不是天降大奖，而是我们始终坚定并耐心地朝着我们的幻想砥砺前行。人生之幸并非拥有好运气，而是能够不断地寻找幸福，并在寻找的过程中因为自己所拥有的、所成就的及所处的状态而感到幸福。

幻想不是想法，而是一种感觉。确切地说，它是一种预感、一种内在期待。我把这种内在期待定义为一种健康的自恋情结，前提是我们关于自我的想象是稳定的、理想化的；而当我们想象中的内在变成一种挥之不去的过度理想化的自我时，这种内在期待就属于一种病理性表现。

因此，健康的自恋情结幻想是一种对理想化自我的幻想。例如：我希望成为一名医生。我们在这里回顾一下它和自我榜样的区别。所谓自我榜样，就是父母和社会对"我希望将来能够成为自己梦想中的存在"这个问题所产生的各种无意识影响：我希望能够从事我爷爷曾经寄希望于我爸爸但他本人却从来不曾希望从事的医生职业。[1]在这里，自我榜样就是那些塑造了理想化自我的其他人的价值观。

---

[1]　作者故意不加标点符号停顿，以此强调错综复杂的关系。——译者注

（续）

　　健康的自恋情结幻想源自一种欲望，一种成为更好的自己的欲望。这是一种灵活变通的幻想，它会根据现实情况做出调整，而且对每个人来说必不可少，并不会形成任何形式的牵绊。如果我们失去了这个幻想，当然会感到痛苦，但终究会恢复过来。

　　病理性自恋情结幻想是一种儿童在经受创伤后产生的虚构意识，我们会在后面的内容中详细讲述。这种虚构意识是为了使其减轻创伤带来的影响并避免新的创伤，它在儿童无意识的状态下扎根于脑海，最终形成了成年神经症患者的性格特征。

　　大家会发现，抑郁症的病理性自恋情结幻想并不是因为欲望而产生的，而是因为恐惧再次遭受创伤而产生的。这种恐惧是如此的根深蒂固，以至于它不会向现实屈服。抑郁症患者对自身过度理想化的自我就像产生了"药物依赖"一样，一旦失去，就会深陷抑郁症的泥潭。正因如此，当抑郁症患者发现自己失去了过度理想化的自我时，他们就会悲伤不已。

10　抑郁症的"导火线"

在电光火石之间，幻想破灭使具有抑郁症前期征
兆的神经症患者转化为抑郁症患者。[1]

——简－大卫·纳索

现在，我希望列一个"心头好"清单，以此向各
位读者展示让极度脆弱的神经症患者转变成抑郁症的
各种标志物。但在此之前，让我们先来回顾一下潜在
原因和导火线之间的区别。图 2-1 中第三阶段的导火
线是一个事件：失去"心头好"（如爱人、工作或房子

---

[1]　根据本书作者的观点，神经症患者都经历过童年创伤，而抑郁症是神经症患者成
年后再一次经历情感打击所导致的后果。在使用该术语时，表示精神分析师已经
确定来访者属于神经症患者，即曾遭受童年创伤；同时，在未确定其是否在成年
后受到情感打击时，观察到其出现了抑郁症前期的临床症状。——译者注

等）的同时失去了双重幻想，即由于失去挚爱（被真心真意地爱慕着及彼此之间纯粹的感情）导致的幻想破灭。第二阶段的潜在原因则是一种状态——神经症患者的脆弱状态，他们的执拗、过度敏感、胡思乱想的习惯、自视过高的态度，以及对"心头好"的过度依赖，所有这些特质通常会令其变得非常焦虑。

毫无疑问，导火线和潜在原因是密不可分的，因为必须失去点什么才能触发抑郁症，这属于导火线；对个人造成打击，导致其出现难以消化负面影响的脆弱状态，这是潜在原因。我也可以换一种方式来描述：在失去自我的同时，以神经症患者的状态经历了丧失的过程。

假设现在我们拿着放大镜来观察神经症患者失去所爱的过程，那么我们会发现，对他们而言，通常情况下，这就好比把一部分自我剥离出来；它有时好像一次不可饶恕的羞辱，有时好像一种难以控制的失落，但总是以一种影响深远的幻想破灭的形式出现。我要补充的是，这就好比遭受了一次让人愤慨的不公平待遇。

　　稍后我们说到神经症患者的抑郁型脆弱时，会再次提及在神经症的状态下经历了丧失的过程。那么，现在让我们来看看被具有抑郁症前期征兆的神经症患者神化的各种"心头好"以及与之相关的幻想。

11　那些至爱的"心头好"

倘若没有失去"心头好"，抑郁症则无从谈起。

——简－大卫·纳索

具有抑郁症前期征兆的神经症患者在失去内心主要的、至爱的"心头好"（即遭遇情感打击）之时的绝望想法，可以描述如下。

失去被过度美化的爱人

我的爱人（如一生挚爱、慈祥的爷爷、童年好友等）曾经是我的全部！（但是）他（她）刚刚消失了！这不仅仅是夺走了曾经爱我的唯一一个人那么简单。

我感到震惊不已。我担心自己会得抑郁症。

　　突然之间，死神就这样把我生命中的全部带走了。他的离去让我感到自己被掏空了。他不能死，也不应该死。但我也想责怪他，因为他从来不会像我要求的那样照顾自己。我责怪命运偷走了我的人生！

　　我在这里给大家呈现的，是一个具有强烈神经症表现的哀悼之人的反应，他会觉得自己遭受厄运的追捕。一个哀悼之人如果在数周时间里不断地出现这些想法，那么他得抑郁症就会是大概率事件。我之所以说"大概率"，是因为我知道无论哀悼的过程多么痛苦，都不是必然走向抑郁症的。

失去对自我的爱

　　我喜欢爱与被爱。当我觉得自己被爱着的时候，才会感到生活有意义！今天早上我刚刚得知，曾经视

我为全部也曾经是我的全部的那个人离我而去了！我
失去的并不是他这个人，而是当我们幸福相拥时，所
感受到的爱与被爱的快乐。我所失去的，是相信爱的
那份纯真。一旦失去了爱的幻想，我就不再是我自己
了。我感到深受打击。

　　这是另一种对"心头好"异于常人的爱，以至于
失去它让人无法想象。这次不再针对某个人，而是针
对某种感觉——爱的本身、爱的快乐。

　　我整个人都崩溃了！我们相互之间的爱曾是我赖
以生存的养分。曾经，你就像是火把一样点燃了我，
而我给你带来了光。但现在，你竟然背叛了我，你把
我毁掉了，你把所有事情都毁掉了！你把我的心都撕
碎了！

　　上述呈现的，是一个具有强烈神经症表现的人遭

受爱人背叛深受伤害的反应，他在失去爱人的同时，
也失去了对自我的爱。因此，他可能会萎靡不振，进
而发展成抑郁症。

失去极端的自尊心

这是真实发生的事情。我非常多疑，而且无法承
受最轻微的嘲讽。然而，我的伴侣刚刚伤害了我的自
尊。我感受到内心极大的羞辱感。我深受打击。

毫无疑问，在所有的"心头好"中，最为神圣不
可侵犯、弥足珍贵且柔弱敏感的是自尊心。有时候，神
经症患者会表现出异常强烈的自尊心，以此弥补自身欠
佳的形象。他们向外部展示了与自己内心感受相反的一
面。"我让别人觉得我很自信，但我内心却觉得自己一
无是处。然而，我无法承受从别人嘴里听到自己内心深
处的真实感受。只有我自己才有资格说自己一无是处。"

这就是一个对自己不满而且病态多疑的神经症患者的内心独白。这就是为什么当各位和一个过度自信而且很容易因为小事而生气的人面谈时，需要判断：在傲慢自大的表现背后，是不是隐藏了自卑的一面。

下面是一位异常多疑的具有抑郁症前期征兆的神经症患者在陷入消沉那一刻的内心独白。

这段时间以来，皮埃尔一直在开我的玩笑，在所有人面前羞辱我！我无法继续忍受他无休止地欺负我了！以前，我曾幻想他会看重我，而现在，我和尘土一样卑微。一切都结束了。我再也不想看到他了！

上述呈现的，是一个具有强烈神经症表现和极强自制力的患者所经历的羞辱感觉，他在数周时间里不断地涌现这些指责并表现出抑郁症患者的某些症状。

失去自以为的健康

我的身体状况非常好！我基本上不会找专家咨询。然后，我感到深受打击！我刚刚发现胸前有一处小黑点。这次肯定是个大麻烦！这肯定是恶性黑色素瘤的症状！

第四个"心头好"，也是令人深深沉迷其中的，就是健康（特指始终不变的健康）。这让我想到了疑病症类型的神经症患者，哪怕是最轻微的异样感觉所带来的最轻微的疼痛感或晕眩感都让他们异常担心。

我已经咨询了很多医生，没有一个人能确切地告诉我，我到底得了什么病。这些人全都一无是处！我甚至还投诉了他们当中的某些人。我为了这个可疑的小黑点看了几乎所有能查到的资料。我再也不想这样

了！每当我想到癌细胞转移的时候，我就会失眠。我
焦虑到难以呼吸。更有甚者，我的老婆再也受不了我
了，她想要离开我。

上述呈现的，是一个具有强烈疑病症表现且由于
某一事物或事件而产生强烈焦虑感的案例，他在数周
时间里反反复复、唠叨个不停并表现出抑郁症患者的
某些症状。

失去自以为常驻的青春

我曾经一直具备运动员一般的身体素质，我曾经
对自己倍感崇拜，可是由于这个让人恼火的膝盖问题，
50岁出头的我必须像一个腿脚不利索的老人家一样靠
拐杖出行。我接受不了这种巨大的折磨，也无法接受
衰老！我感觉自己失去了青春活力。我深受打击。

　　对具有抑郁症前期征兆的神经症患者而言，一个被过度神化的"心头好"，便是自认为可以常驻但实际上终将逝去的青春。说到青春，我想在这里给大家背诵一段由 19 世纪末尼加拉瓜诗人鲁文·达里奥（Rubén Darío）所作的一首诗。这可能是他的作品中最具美感的一首了。我先用西班牙语给大家写一遍。

Juventud, divino tesoro,

¡ya te vas para no volver!

Cuando quiero llorar, no lloro

y a veces lloro sin querer

　　非常优美的诗句！这就像怀念我们青春之爱的赞歌！现在，让我重新组织语言给大家翻译一下。

　　青春　犹如天赐宝物

　　纵使　它一去不复返

我想大哭一场 但努力强忍泪水
却仍在某个不经意间 模糊视线

　　我可以很确定地告诉大家，这些句子不是出自在抑郁症边缘徘徊的哀怨的人之手。这是出自诗人之手的辞藻，从诗人的角度看待时光流逝和青春一去不复返，这里并没有体现在抑郁症的痛苦折磨中不可自拔。这首诗最唯美的地方，正是那种尽管失去了心头至爱，仍坦然面对而不会感到自我被摧毁的自信。鲁文·达里奥有别于抑郁症患者的地方在于，他哭泣的不是失去了青春，他是因为曾经拥有青春，所以喜极而泣。而且，泪水让他再一次获得并品尝到青春的气息。
　　尽管我不是诗人，但还是忍不住想在这里和大家一起分享一下我自己的青春之歌。首先，我很高兴自己能够活到这把岁数，很庆幸曾经的青葱岁月把我变成了现在的我，现在能够给大家做演讲。我享受现在，因为我没有忘记自己是拥有生存、爱与行动等能力的幸运儿。

但当我们回到因为青春消逝而感到焦虑的问题时，我们问问自己，有哪些人会因为感觉青春已逝而身患抑郁症？有一点是不可否认的——主要是那些相信能够长生不老并拒绝成长的人。尽管年龄有所增长，但他们的内在依然是一个"翩翩少年"，用青少年的方式来思考问题，保持着像青少年一样的生活方式和行为模式。这就好比用儿童对待梦想和恐惧的方式来对比成年人对待年龄的态度。大家试想一下，当他们理想中的强壮身体素质和实际上日益衰老的现实条件之间出现哪怕一丁点儿偏差，就会对他们幻想中青春无敌的状态造成致命一击。

我还想到了一些具有抑郁症前期征兆的男性神经症患者，他们并不依靠永不凋零的青春幻想而活，而是依靠对自己男性魅力的幻想，为此，他们愿意不惜一切代价。同理，那些认为自己能够青春永驻的女性，她们会对第一次发现脸上的皱纹产生恐惧，也会

因为觉得没有魅力了而感到焦虑。"如果不能展现自信
和风采依旧，我实在无法想象要怎么继续活下去和爱
自己。"

失去房子、工作、理想、金钱或任何珍视的事物

我喜欢这个地方，我喜欢我从小生活其中的那个
房子。我就是我的房子，它就是我的身体。我深受打
击！法院执行人员刚刚告诉我，我必须离开这里。我
宁可死也不会离开这里。

另一种被神化和极其重要的"心头好"属于物质
层面。例如：我们童年时期生活其中的房子，还有我
们可能热爱甚至为之而疯狂的工作。我不知道到底听
过多少位患者惋惜地说道："我的工作曾经是我的全
部。我为了工作付出了一切，而工作也给予了我全部。
现在可倒好了，我刚刚收到一封言辞冷酷的解雇信，

甚至没有一个人出来当面和我说些什么。"

如果要在这个未完待续的被神化的"心头好"清单里补充抑郁症的诱因，我想应该是金钱。说到金钱，我想到了这样一位每时每刻都处于被毁灭的极度焦虑的药剂师。尽管他的收入很高，却总是在攒钱，他喜欢像老财迷那样拮据地活着，"一个都不能少"的想法根深蒂固地影响着他的行为，不管少了什么他都会很焦虑。

在所有这些案例中，我们说到了失去爱人、对自我的爱、自尊心，以及失去健康、青春、女性魅力、男子气概、一件珍贵的物品（如珠宝、房子）甚至是一个抽象的价值观（如理想）或金钱；在所有这些案例中，具有抑郁倾向的分析对象经历失去某些事物的过程就好比对其身体的某个重要部位进行截肢手术一样。我要强调的是，在触发抑郁症的这个时间节点上，一旦失去了"心头好"，他所产生的感受就是幻想破灭的感觉——既悲伤又愤怒地发现"心头好"离他而去，继而这个"心头好"所映射的幻想随之消失。

综上所述，我们可以总结出这样的观点：抑郁症就是一种状态，它由人们对"心头好"的爱所滋长的自我幻觉形象突然消失了而引发。

12 现在的情感打击是曾经的
心理创伤再次来袭

在探讨抑郁症的潜在原因之前，我希望强调的是，我们刚刚提到的分析对象所承受的每一次"失去"的过程，都属于一次情感打击。因此，我觉得有必要对情感打击给出一个清晰的定义。情感打击是昨日创伤的再现。假设这里说的创伤是指被抛弃，那就是被抛弃的经历动摇了分析对象的心理状态；如果创伤是指被袭击，那就是被袭击的经历动摇了分析对象的心理状态；如果创伤是指被性侵害，那就是被侵犯的经历动摇了分析对象的心理状态。

如果说"成年时期的情感打击是幼儿时期的心理创伤再次来袭"这个观点成立，那么这里所说的二者之间只有一个根本区别：情感打击属于非强制形成的心理震撼。我之所以说它是"非强制"的，是因为它有别于受创伤儿童感觉痛苦却不自知的（强制性）状态，遭受打击的成年人感觉痛苦的时候，他们会拥有这个痛苦的意识并且有能力口述自己的这种状态。

　　我在前文说过，具有抑郁症前期征兆的男性神经症患者通常就是需要终生对抗创伤再现的神经症患者，那么，现在一旦出现情感打击，现实就会把这个创伤带回到他们面前。

13 抑郁症的潜在原因

抑郁症是由某个导火线引起的，即失去了"心头好"和其所映射的幻想；但抑郁症也是由某个潜在原因导致的——神经症患者由于极度热爱其"心头好"并因为害怕失去而展现出来的脆弱性。当神经症患者表现出浓浓爱意时，他们害怕失去心爱的人或物时出现的这种病态依赖的状态，恰好对应了抑郁症的神经症倾向。有鉴于此，我现在将给大家展开论述这种倾向是如何在人的童年时期埋下种子并在成年时期发展壮大，进而爆发转变成抑郁症的。

14　抑郁症的创伤来源

我们知道，具有抑郁症倾向之人在 16 岁前通常遭受过强烈的心理创伤，而且其自我曾在如图 2-1 所示的第一阶段受到深刻伤害。

我现在给大家详细阐述这个问题，创伤可能会从客观上带来暴力影响（如挨打）或主观上带来暴力影响（如儿童目睹父母发生激烈争吵的情况）。然而，不管儿童是受害者、旁观者还是施暴者，他们都会同样受到创伤。

现在让我们来了解一下，有哪些常见的心理创伤。在介绍创伤类型之前，我希望对创伤下一个简单的定义：创伤是由某个生命体身心无法缓解的，过于强烈的刺激所带来的影响。

童年心理创伤的类型

我认为童年心理创伤通常分为三种类型：第一种是被抛弃（亲人病故或因父母离婚而离去、被抛弃或情绪上被疏忽照顾的儿童，即被父母任意一方拒绝的儿童）；第二种是身体或精神被虐待（持续性羞辱）；第三种是被性侵害[①]。

稍后，我将进一步确认：有大量曾经的抑郁症前期征兆者转变成现在的抑郁症患者，他们都曾是被抛

① 性侵在汉语里的含义比较明确。书中提及的性侵害是在精神分析的语境下，指广义层面的"性侵害"，除了狭义的性侵害行为，它还包括因与抚养者过度亲密的行为导致儿童过早产生性冲动。比如：儿子与母亲过迟分床睡，被过早唤起性冲动等。经典精神分析对于性唤起的描述与性侵是不同的。弗洛伊德在他早期的文献中，会将很多问题归因于儿童受到性侵，因为有很多人在临床中向他报告了性侵的经历和幻想。后来弗洛伊德发现，并非所有这类患者都经历过性侵，而是可能有过在某些时刻被过度的性唤起的经历。而过早的性唤起会影响个体，导致日后可能出现神经症症状。——编者注

弃、被虐待、被性侵害的创伤儿童 [①]。

接下来，我向大家介绍一下由我本人首先提出的——三种类型的童年心理创伤与三大成年神经症之间的关联性。同样，大家可能会在干预成年恐惧症患者的过程中发现，他们很可能在童年时期由于被抛弃产生心理创伤，令其产生了过于强烈并且过于早发的悲伤情绪；而成年强迫症患者则很可能在童年时期由于被虐待产生心理创伤，令其产生了过于强烈并且过于早发的（生理或心理上的）痛苦情绪；成年癔症患者则很可能与童年时期的性创伤有关。

需要澄清的是，以上观点（仅仅）是我的个人意见。当专业工作者在接受癔症患者咨询时，不必直接问他们小时候是不是有过被性侵犯的经历！这时候，我需要用更长的时间来了解日常生活中被过度刺激的

---

① 作者认为抑郁症患者可能遭受过这几类创伤，但这不意味着经历过这几类创伤的人必然会发展为抑郁症患者。——编者注

感官，以及与儿童过分亲近的养育者在无意间对敏感型儿童所带来的长期创伤影响。

这三种类型的心理创伤：被抛弃和被虐待或遭受性创伤的儿童不过是临床指标而已，现实生活总是比理论更复杂一些。我可以肯定地说，如果专业工作者已经将创伤儿童和成年神经症患者这两个概念关联起来，就可以想象并感受患者在童年时期那种伤痛的感觉，也会预料到抑郁症的确诊方向。

在继续探讨童年心理创伤的各种后果之前，我希望大家能够给自己提一个关键问题，这或许是每个人有朝一日都会想到的问题：像我这样的人，会不会得抑郁症？我们会不会有朝一日深陷抑郁状态不可自拔？人人都会得抑郁症吗？

我的回答是否定的！并不是所有人都对抑郁症易感。只有那些有过童年心理创伤的人可能会因为过度依赖伴侣、健康或工作等问题而在失去"心头好"之时，失去绝对安全的幻想时患上抑郁症。那时，他们

就可能会不可自拔地陷进去。是的，抑郁症首先是幻
想破灭！

如何确定抑郁症倾向

在创伤发生时，儿童的反应是爆发式自恋情结和
过度敏感，这最终会成为其特质，并使其发展成具有
抑郁倾向的成年人。

现在，是时候了解童年心理创伤是如何引起严重
神经症的，即如何确定抑郁症倾向的。在创伤带来影
响的那一刻，儿童经过一段时间的拒斥反应后，会以
两种防御性的条件反射做出不顾一切的过度反应，以
此达到避免二次心理创伤的目的。问题在于：上述两
种防御性反应（具体是哪两种防御性反应，我稍后会
讲到），即这两种本能的防御行为存在比例失调的情
况，并且使当事人在整个行为过程中始终处于过度反
应的状态。遭受心理创伤的儿童由于遭受了极大的刺

激，即便是成年以后也会继续生活在一种时刻警惕的状态中，他们始终对再次遭受"袭击"的可能性感到恐惧。

因此，对于上述两种防御性反应对现已发展为具有抑郁症倾向之人的性格扭曲程度和持续时间如何，我们需要进行评估。我们猜测在这种情况下，从产生心理创伤那一刻起，抑郁症便悄无声息地缓慢发展着，直至某个特定时刻方才显露出来。这就是如图 2-1 所示的第二阶段，我称之为抑郁症的潜伏期。

那么，遭受心理创伤的"受伤"儿童会表现出哪两种失去理智的防御行为呢？

我曾经虚构了一个名叫安托万（Antoine）的抑郁症患者，他在未病发时的意识非常清晰，能够回忆自己的过往经历，并告诉我们他是如何发展成抑郁症患者的。

"我是安托万，我会告诉你们我是怎么生病的"

这位就是想象中坐在我们面前，准备向我们透露心声的抑郁症患者。让我们听听他是怎么说的："起初，当我还是小孩时遭受过一次严重的心理创伤，这次事件让我尚未成型的自我受到了伤害，我的美好生活因此消失了。创伤发生时，我的心智还不成熟，我甚至不知道应该如何反应，我整个人都惊呆了，完全不知所措……"

在此我要对安托万的话做些特别说明。首先，创伤影响可能有且仅有一次，也可能会在几个月的时间内重复多次。但无论儿童遭受的是单次（如父亲突然病故）还是多次（如与经常住院的母亲多次分离）的创伤，我们都可以说，这两种情况的结果是相同的：年幼的分析对象受到了心理创伤并处于不知所措的状态中。

正因如此，我的第一个说明涉及"不知所措"这个表述。这里的不知所措特指儿童由于深受创伤影响或"微影响"的震撼，以至于其无法用言语来表达自己所体验到的激烈情绪。这里存在一种拒斥反应：我体验到了某种感受，但自己并未意识到所体验的感受。因此，"不知所措"所隐含的"拒斥反应"意味着所体验的感受并没有被当事人意识到，也就是说，当我们正在产生某种感受时，通常会出现在我们意识中的精神表象消失了。

因此，当儿童无法辨识自己所体验的感受时，我们就会用"不知所措"来描述。他们经历了创伤，体验到了某种感受，这里的"创伤"特指创伤感受的专有术语。换言之，他们经历了某种无法表达也未被感知的创伤感受。就像我们的耳朵感知不到频率过高的声音一样，过于剧烈的感受未被我们的意识接纳。我把这一现象称为"拒斥型卒中"，切实体验到的感受未被接纳，亲身经历未被意识记录。大家会发现，其实"拒斥反应"就等同于意识模糊不清的意思。

现在，让我们再回到未病发时意识非常清晰的抑郁症患者安托万的自述: "我刚刚说到," 他继续说道, "在发生创伤打击的那一刻,我不知道该如何反应,但对创伤再次袭来的本能担心已经根植于我的无意识层面。我现在非常惶恐。我希望再也不要受到一丁点儿伤害。是的,我曾经感到惊恐而且直到现在始终处于惊恐之中!我需要保护自己,避免身处任何危险的境地。我的恐惧促使我构筑起一道虚拟的城墙,以此抵御再次袭来的创伤打击,同时我为自己虚构出无意识的情结作为自我保护的防护盾。我确实没能在遭受打击的那一刻做出反应,但我之后通过把自己想象成百毒不侵的样子来形成反应。尽管如此,这个'天下无敌'的幻想最终让我变得脆弱并罹患严重的神经症。

"在此,大家应该会想到一个问题:自己构筑的那道虚拟的城墙是什么?这其实相当简单。我编织了给予自己极大安全感的两个幻想:一个是强大而坚不可摧的自我幻想,它弥补了受到创伤的悲催自我;另一个则恰好与我因为另一半恶意出轨而受到情伤的情况正好相反，它是一个"执子之手，与子偕老"的爱的幻想，但我也因此不幸形成了抑郁倾向。创伤让我的幻想变得坚不可摧；受到情伤让我的幻想得到极致的呵护。因此，这个双重幻想是对创伤的双重弥补：幻想中强大的自我和童话般的爱情属于两种创伤后防御机制，它们让我得以坚持下去，却没有能力一举打破我担心厄运再次降临的梦魇。

"尽管如此，这两个幻想是相互依存、密不可分的：如果我没有感到自己像童话爱情主角那样被爱，那么我就无法感觉到强大。如果我感到被深爱着，那么我就有能力坚信自己终有一日会成为幻想中那个无所不能的我：如果我是恐惧症患者，我就会（幻想）成为最独立的人；如果我是强迫症患者，我就会（幻想）成为最受敬仰的人；如果我是癔症患者，我就会（幻想）成为最让人喜欢的人。

"这就是我双重幻想的有毒之处，它内含大量的自恋情结而且随时会暴发，从而变得一发不可收拾，它

给我带来了让我变得脆弱不堪的神经症并具有抑郁症
倾向。"

安托万的自述到这里就告一段落了，我要强调的
是：双重幻想的"保护罩"不会妨碍神经症患者带着
对创伤再次来袭的恐惧继续生活。

曾经的心理创伤产生的深远影响

存在患上抑郁症风险的人可能会在无意识的情况
下交替产生三种感受：我觉得自己被深爱着，就像童
话般的爱情那样；我爱我自己，那是一种毫无保留的
爱；每当我想到可能会失去这份爱而且创伤会再次来
袭时，我就感到心惊胆战。

然而，对创伤再次来袭的恐惧是如何在患者身上
体现的呢？当一个恐惧症患者面对其爱人稍微怠慢的
表现而焦虑时，我们可以说，他其实是在无意识层面
害怕再次被抛弃并重现昔日的童年心理创伤。当一个

强迫症患者面对其爱人一句无关痛痒的抱怨而变得愁眉苦脸时，我们可以说，他其实是在无意识层面害怕再次被虐待或羞辱并重现昔日的童年心理创伤。

是我的患者启发了我，让我能够有足够的内容和各位分享。从根本上来说，我不过是一个"传话人"，在我的患者和各位读者之间传递各种信息。

现在，大家更加深入地了解了为什么具有抑郁症前期征兆的神经症患者似乎时而会因为幻想而感到安慰，时而会因为担忧而焦虑不安。这就是为什么我希望专业心理工作者在与经历过心理创伤的神经症患者面对面交流时（注意，我说的并不是抑郁症患者，而是那些可能存在患上抑郁症风险的人），能够辨别出这种双向的抑郁症前期行为模式。大家偶尔会碰到这种情况，某个人特别有野心，让人感觉特别自命不凡而且非常自恋；但是这个人在其他时候却会表现得很焦虑，让人感觉他特别害怕再次发生创伤，这是因为他感觉自己被抛弃、被虐待或被辜负了。

15 具有抑郁症倾向之人的性格肖像

过度依赖、不知满足、执拗、过度敏感

具有抑郁症倾向之人通常会非常依赖[1]其爱人，这里所说的依赖是那种让人无法呼吸的过度依赖，哪怕只是分开片刻都让他们觉得受不了。他们总是不知满足，总是抱怨他人达不到自己的要求。但是当其他人达到他们的要求时，他们却不想要了！他们对人、对事都很执拗、强硬，绝不退让。一旦和伴侣、上司甚至精神分析师意见不一时，他们可能直接摔门而去：他们在感到恼火的同时希望他人觉察自己的怒火，以

---

[1] 注意，本节探讨的是哪些特征容易使人患抑郁症，而非指抑郁症患者一定拥有这些特征，或拥有这些特征必定导致抑郁症。——编者注

此达到逼迫对方就范的目的。所有问题，哪怕是一些鸡毛蒜皮的小事，解决办法的重要性、期限和难度都会被他们无限放大。

对于这样一个神经症症状明显的人而言，几乎所有事情都是非黑即白，事事关乎绝对性、完整性、最终话语权和棘手程度。他们可能会突然变得非常易怒和敏感，我称之为过度敏感：即使最轻微的指责也可能会引起他们的激烈反应，稍有不顺，他们就会勃然大怒而且会将不满牢记在心。

抑郁症征兆不等同于抑郁症。抑郁症前期征兆者[1]和抑郁症患者之间并不能画上等号[2]，抑郁症前期征兆

---

[1]　此处，抑郁症前期征兆者等同于"具有抑郁症倾向的人"，强调在心理咨询过程中的临床症状，只有前期征兆，没有确诊，不等同于抑郁症患者。抑郁症前期征兆者在某种程度上等同于具有抑郁症前期征兆的神经症患者。区别在于，在使用抑郁症前期征兆者时，广义上指具有抑郁症倾向之人，但尚未通过谈话确认此人为神经症患者，使用具有抑郁症前期征兆的神经症患者时，分析师已经经过访谈，确认具有前期征兆的人。——译者注

[2]　作者此处的意思是为了强调：不能简单地把前期临床症状理解为确诊患病。因为前期症状属于"量变"期，只要患者积极配合干预手段，就依然存在扭转病情的可能性。而抑郁症患者已经处于"质变"期之后，所需的干预手段会有所不同。——译者注

者不会因为悲伤而难以忍受，也不会因为怨恨而愤世嫉俗，他们不会想要孤立自己。尽管对某些事情会感到后悔，但他们不会因此而自责，也不会因为曾经犯下的错误而思绪万千，辗转难眠，继而消沉、憔悴。

过度自恋和焦虑

前文分析了第一种类型神经症患者的特征——过度依赖、不知满足、执拗及过度敏感，具有以上特征的患者可能会逐渐向抑郁症方向发展。现在让我们先来聊一聊另外两种性格特征：过度自恋和焦虑。

格洛丽亚：从过度自恋到焦虑，
从焦虑到突然抑郁症

如果说抑郁症是一种自我贬低，

那么抑郁症前期征兆则是一种自我吹捧。

——简 - 大卫·纳索

　　我们现在聊一聊抑郁症前期征兆者的另外两种性格特征——过度自恋和焦虑。这种情况和前面所说的抑郁症在悄无声息中发展的情形正好相反，我即将提到的这位神经症患者[①]，她的抑郁症病情发展就相当突然，而且一度引起了轩然大波。我们能够发现的抑郁症患者崩溃的最明显迹象，是我们的精神分析对象过度亢奋并表现出高高在上的态度及幼稚的"无所不能"感。

　　尽管如此，我们与她本人都知道，她到底有多么脆弱；当她面对最简单的工作要求却如临大敌时，她到底有多么焦虑。她已然认定自己绝对不可能达到别人的要求。就在那一瞬间，她那个自认无所不能的自恋情结泡沫瞬间破灭了。但要注意的是，不能把这种情况和躁郁症患者那种躁狂发作和抑郁症发作并带有短暂间歇交替发生的情形混为一谈！这是不正确的。

---

① 即上文所说的"抑郁症前期征兆者"。作者称呼其为"神经症患者"，代表已在面诊过程中已确认了其曾经遭受童年创伤。——译者注

我所描述的情况是：一个拥有抑郁症前期征兆的分析对象突然从感觉无所不能过渡到焦虑，再从焦虑发展成抑郁症。

说到这里，我想到了格洛丽亚（Gloria）及她从自命不凡到惊慌失措这个"改头换面"的情形。"这样不行！"她以前总是这样抱怨。"我要求的要比这个好上1000倍！在工作中，他们并没有意识到我的宝贵之处和真正的价值。我恨不得现在立马辞职走人。多一天我都不想待，这家公司的领导一无是处，名不副实！事实上，这些年来，我已经当上了管理者。但是，现在都结束了！尽管薪酬并没有现在高，但我已经决定和那家荷兰公司签约了，那个职务才是我应得的。"

这就是格洛丽亚的自述，传递了一种被过度刺激和过于自以为是的态度。她告诉我她刚刚辞去原来的工作，加入新的公司。但是，仅仅过了一周她就泄气了，甚至表现出惊慌失措的感觉，她对我说，觉得自己没有办法胜任新公司所赋予的职责。"我根本不可能做到这件事情！”她哀叹道，“我完全不了解大家对我的期望，我为自己在团队成员面前显得一无是处而感到万分羞愧。我今天甚至没有办法去上班。我必须在第一时间写好我的辞职信。”当我看到格洛丽亚惨遭这种惶恐的打击时，我想起了她在学生时代也经历过一次类似的危机，于是我希望把二者联系起来。

“格洛丽亚，让我们先冷静下来！我们再等等看，暂时先别把辞职信寄出去。”她立刻反驳道：“不行，这样不行！我想立马走人，在我让他们觉得我有能力的这个谎言被戳穿之前就走人。我就是个骗子！”在接下来的这段日子里，我本应该和她更加频繁地接触，同时向她提议再次接受在青少年时期曾经将她治愈的药物治疗。也就是说，我们当时是有机会避免抑郁症的。

在格洛丽亚身上，我看到了从极具欺骗性的“无所不能”感突然转变成同样极具欺骗性的“一无是处”感的状况，尽管她确实是拥有抑郁症前期征兆的自恋型患者的绝佳案例，但我不会继续深入讨论。

　　最后，我们来讨论一下具有抑郁症倾向之人的最后一个特点——表现出强烈的焦虑不安情绪。在抑郁症前期征兆者的所有特征中，焦虑可能是抑郁症最明确的前期征兆，没有之一。

　　我可以对大家直截了当地说：当发现患者经常出现焦虑情绪时，身为专业工作者就要做好可能出现抑郁症代偿失调的准备。在实践过程中，可能会遇到以下4种类型的焦虑不安情绪：第一种，恐惧症患者对打击感到恐慌的极端焦虑案例，就像格洛丽亚的例子一样；第二种，强迫症患者的极端焦虑会使其无法继续承受内心挥之不去的想法和习惯；第三种，癔症患者的极端焦虑会使其无法继续承受身体病痛；第四种，疑病症患者的极端焦虑会使其自认罹患即将发病的严重疾病。焦虑给患者所带来的束缚感有时会需要患者进行住院治疗。

迫切希望住院治疗的阿丽斯

各种不同的焦虑不安情绪会给人带来窒息感，让人难以忍受，因此患有神经症的分析对象常常愿意不惜一切代价来摆脱它的控制。部分患者在重压之下几乎喘不过气来，他们会向我提出："医生，请让我住院治疗吧！我什么都不需要，只想找一个能够独处的空间，把门关起来，一个人待着。"

我曾紧急接诊过一位癔症患者：阿丽斯（Alice），女，年仅18岁，她因差点让自己窒息身亡而经历了一次惊恐发作。在我们第一次面谈后，她便苦苦哀求我，希望我能把她转为住院治疗："医生，我再也不想这样了！我担心自己会疯掉！我想离开这里去别的地方，离开我的家，找一个独立的空间，比如一家（心理）诊所之类的地方！"

于是，我把一直在候诊室等待她的父亲叫了进来，我首先询问她的父亲是否可以以朋友的方式和女儿谈话，随后我便对这位少女说道："阿丽斯，现在还没有到住院治疗的地步。你对我说想住院治疗是因为你希望独处，什么人都不见，就这么安安静静地待着。其实你想要的，是让大家都离你远一点。所以，我现在还不能给你安排住院治疗。我们之后会经常碰面，在安排住院之前，我希望你能接受药物治疗，我把它们称为'我的小助理'或'我的小士兵'。然后，我们根据实际情况再议。"

大家可以想象一下，拒绝安排她住院治疗让我背负了多大的责任。根据她的亲人提供的信息，我了解到：她并没有轻生的想法，也没有暴力企图。我还了解到：我们的干预和抗抑郁症剂缓解了她的惊恐发作程度。我尽可能地采取各种举措来避免安排患者住院治疗，因为我知道，住院经历会在她的人生及社交生活上留下无法磨灭的印记。我给大家介绍阿丽斯的案例的目的是：即便是如此压抑的焦虑情绪，也可以在不安排住院治疗的情况下得到干预，患者并不会因此而发展成抑郁症。

　　作为对这种焦虑型抑郁症前期征兆特征的总结，我希望各位能够对神经症症状由焦虑的表现逐渐发展成抑郁症的情况给予充分重视。因此，我给各位引出以下渐进过程：神经症症状变得难以忍受，例如，恐惧症患者出现恐慌情绪、强迫症患者挥之不去的想法、癔症患者的身体病痛，以及疑病症患者坚持认为自己得了重病。这些症状会经历这样的发展过程：怀疑自己会疯掉，即神经症症状会变得极具侵入性，以至于分析对象担心自己会失去理智，进而导致严重的焦虑情绪发作，而一旦无法控制焦虑情绪发作，分析对象将会变得憔悴并发展为抑郁症。

　　因此，我刚刚给大家描述的不同特征的多种类型分析对象都不属于抑郁症患者，而是具有抑郁症倾向之人，即他们有可能发展成抑郁症患者。在第一个案例中，过度依赖、不知满足、执拗和过度敏感都是具有抑郁症倾向之人的性格特征；在第二个案例中，自我膨胀的爆发增长发展成为抑郁症；而在最后一个案例中，极端焦虑情绪恶化并发展成为抑郁型悲伤。大家需要注意的是，抑郁症前期征兆者的所有面孔有可能出现在同一个人身上，例如前面提到的格洛丽亚。

尽管如此，在上述性格特征中，有两种特征在抑郁症前期征兆者的个性中占据主导地位：一方面，分析对象异常热衷于自身的高大形象，即他的自恋特征；另一方面，分析对象存在病态性多疑的现象，即他的过度敏感特征。

这种情况和具有抑郁症倾向之人身上忧郁悲伤的性格特征有着天壤之别。实际上，情况正好相反。这样的抑郁症前期征兆者和具有明显特征的抑郁症患者有所不同①，我们应该把他视为活生生的幻想解剖图。其实，据我多年的实践经验发现：抑郁症前期征兆者并非属于抑郁型气质，他们更倾向于反复无常的类型。

---

① 抑郁前期征兆者处于"量变"期，仍有机会扭转病情；抑郁症患者处于"质变"期之后，需要强化手段干预。——译者注

当他们感到被童话般的爱意包围时，会展现出自信满满的一面；但当他们感到所托非人时，则会转而展现出过度敏感的一面。假设我们把具有抑郁症前期征兆的神经症患者的个性看作一幅风景画，那么，这幅崎岖主题的画作想必主要由悬崖峭壁和群峦叠嶂组成，平缓而一望无际的平原在这幅画里并没有空间。

16　具有抑郁症倾向之人的两大性格特征

我时而觉得自己无懈可击，

时而觉得自己腹背受敌，

这就是我的神经症表现！

——简－大卫·纳索

现在，我打算深度剖析具有抑郁症倾向之人最显著的两大性格特征。我在前文提及，在抑郁症面前，并不是每个人的表现都一样。对于那些深受至亲故去或失去某件"心头好"的影响而感到痛苦的人，这些人并非都会患上抑郁症。

根据目前所了解的情况，需要满足两个情感条件才能导致抑郁症：一是对某位"被神化"的爱人强烈的依赖感会导致自恋情结加深；二是在前者的基础上对于恋爱关系维系问题上任何细小的迹象都过度敏感。

这两个条件显然是密不可分的：二者越是密切相关，抑郁症的潜在患者对其爱人的依赖程度可能就越高，他担心失去心中所爱的程度就会越严重，他在实际失去心中所爱之后感受到的痛苦程度就越深。因此，我想告诉大家的是："丧失"自我并不会触发抑郁症，而是我们对待"丧失"的方式会让抑郁症滋生。无论我们把"丧失"视为一种权力丧失、被羞辱还是遭遇挫折，我们对待"丧失"的方式都由自身和心中所爱对象之间关系的属性而定。

总之，什么是让抑郁症生根发芽的沃土？在精神分析师看来，抑郁症的根源是分析对象对"被神化"的"心头好"产生病态依赖而导致的脆弱性，这些"心头好"可能是人物、感受、事物或理想，所有这些对象组合在一起，让他因失去而产生权力丧失、被羞辱或挫折感。

具有抑郁症倾向之人的极端自恋情结

健康的自恋情结会让我自爱却不会想着要爱自己，病态的自恋情结会让我自爱的同时幻想着成为卓越之人。

——简 - 大卫·纳索

具有抑郁症倾向的神经症患者在感到被爱和异常自爱的同时，会产生一种极端的自恋情结。然而，我们在什么时候才能确认一个人确实存在极端自恋情结呢？首先，我们要了解：什么是自恋情结？

健康的自恋情结

健康的自恋情结是一种对自我的爱，具体来讲，就是对自我人生的爱，对自我亲身经历的人生的喜爱之情。那么，什么是自我人生？所谓自我人生，就是让我们感受到自己活着的一种内在感触。自恋情结正是这样一种至死不渝的自我爱慕。不管我们是儿童、青少年还是成年人，都会产生一种永恒不变的感触。自恋既是热爱感受自我人生，也是感受自我的感受。这是两种不同的角度：一个强调"我亲历的感受"这个动作；另一个强调感受动作的主体是我本人。所谓自恋情结，就是我热爱活着的自己，即我热爱能够感知情绪的那个我，尽管我并未意识到我对自己的这种爱。

从精神层面讲，对自恋的定义要根据我们对自身的看法而定：有时自恋等同于自尊，有时自恋是自耻或自怨自艾。在任何情况下，自恋都是自我担当的体现，无论我们对自身持有的是正面还是负面的看法。

正因如此，大家不妨回忆一下第一部分的内容，我为了表述抑郁症患者的哀怨型自我贬低想法而引出了"自贬（负面自恋）情结"的说法。可以肯定地说，我们所能碰到的最好状况，就是体验"比上不足，比下有余"的中庸感受。这是圣贤让我们铭记于心却总被我们遗忘的智慧哲学，我们有时也需要提醒患者这个观点。

病态的极端自恋情结

现在，让我们来看看具有抑郁症倾向之人的极端自恋情结。这依然是一种对自我的爱，但所爱的是一个被过度理想化的自我。这不再是对当下自我人生的爱，也不是对自身的尊重，甚至是对理想化的自我之爱，而是一种全能自恋。这就是症结所在——对自我的过度理想化。这里的自我变成了极度自恋而且具有抑郁症倾向的对象，相对于现实中的自我，"我"更加依附于那个"有朝一日，出人头地"的自我幻想。

在这里，我想着重介绍一下，具有抑郁症前期征兆的神经症患者是如何生活在其全能自恋情结的自我幻想中的。我希望各位能够清楚地了解到，上述幻想并不是在意识中出现的某个出众的"美颜照片"式的视觉形象。它不是特指某个图像形象，而是泛指"有朝一日，出人头地"这种预感。

具有抑郁症倾向之人对幻想的严重依赖性

为了让这个被过度理想化的自我幻想能够维持下去，神经症患者必须与为其幻想供给养分的爱人相统一。因此，在其未意识到这种依赖关系的情况下，其对自身所依赖的人或物（即童年幻想的供给处）进行了"美颜"处理。

对此，我将其总结为：具有抑郁症倾向和过度自恋情结的神经症患者对幻想具有严重的依赖性。他们对幻想的需求仿佛上瘾一般，幻想能让其做梦，但他们同时也需要尽其所能地和能够为其创造幻想的对象搞好关系。这些对象可能是谁？那就是他们的爱人，也可能是他们的玩伴、儿女，甚至是上司、宠物狗或就职多年的工作单位。

这位大概率已经患上抑郁症的患者会对他的所爱表达："我爱你直至天荒地老。我并不是因为你而爱你，也不是因为和你在一起的那个我而爱你。我爱你，因为当你在我身边时，你会让我相信，我终将成为自己梦想中的那个我。当我感到你对我忠贞不渝的爱时，无论这种感觉是错的还是对的，我都觉得自己能够拥有最大限度的自由、最真挚的爱人、最纯洁的爱情。如果我失去了你，那么我将失去那个全能自恋的自我幻想。而且，如果我失去了这个幻想，我就会自我迷失并深陷抑郁症，不能自拔。"

在健康的自恋情结中，我所爱的那个理想化的自我无须依赖伴侣的存在而存在。如果我的爱人离我而去，虽然我会感到悲伤，但我会继续爱自己和热爱自己的生活。而具有抑郁症倾向之人的极端自恋情结则正好相反，我所爱的不仅仅是那个理想化的自我，我也爱那个过度理想化的自我，前提是我的伴侣对我爱得真挚、爱得深邃、爱得超脱世俗。这就是正常之人健康的自恋情结和具有抑郁症倾向之人病态的自恋情结之间的差别。

具有抑郁症倾向之人的过度敏感

现在，让我们来看看具有抑郁症倾向之人的第二个性格特征——过度敏感。这种过度敏感会使其将自身所经历的"丧失"视为权力丧失、被羞辱或遭遇挫折。拉康（Jacques Lacan）[①]启发了我对这种"三体"感受的认识，而他的启蒙者则是欧内斯特·琼斯（Ernest Jones）[②]。他们曾经把这种感受分为三种类型——被剥夺权力、受阻和遭遇挫折。

大家立刻就能够发现，在我的"三体"感受中，我用"被羞辱"来代替"受阻"一词。我会在后面向大家解释原因。专家们把它分为三种类型，但他们并没有像我们接下来准备做的那样，去确定触发抑郁症所失去的事物，他们选择了对神经症患者可能会终其

---

① 雅克·拉康（1901—1981）：法国作家、精神分析学家，是当代精神分析历史上的重要人物之一。——译者注

② 欧内斯特·琼斯（1819—1869）：英国作家、心理学家，是弗洛伊德的好友。——译者注

一生承受的各种缺失提出了相应的概念。我曾想利用这些缺失的类型来帮助我细分那些导致分析对象陷入抑郁症的"丧失"经历。在和患者交流的过程中，我发现抑郁症通常情况下并不是在"丧失"之后立刻被触发的，而是在"丧失"被神经症患者特殊对待的、其亲身经历的爱之后——他们感到丧失了权力、被羞辱并遭遇了挫折。这是本人首次提出的延伸内容，我希望各位能够以此更好地了解抑郁症。

但在检验这三种"丧失"经历之前，我想向大家谈谈我对拉康学说中三种缺失的解读。

让我们先从权力丧失这一点说起。权力丧失型缺失可以用以下方式来解释：我本该拥有的东西现在无法拥有了。事实上，权力丧失是指属于整体一部分的某个对象的缺失，这个对象在整体中本应有所体现却未能实现。例如：一个 10 岁孩子的父亲去世了，就属于一种权力丧失型缺失，因为对于一个 10 岁孩子而言，身边没有父亲的陪伴是不正常的。尽管这个缺席的父亲的地位可以被其他"新人"一次又一次地取代，但他的缺席仍然属于权力丧失型缺失——父亲的角色是必不可少的，他的不存在是不合理的。同理，手是身体的一部分。原则上，人身体上就应该有两只手。缺少了任何一只手甚至两只手都是不合理的。如果人少了一只手，这就属于剥夺权力型缺失——就像少了父亲属于权力丧失型缺失那样。

　　现在，让我们把权力丧失运用到即将成为抑郁症患者之人的身上。如果是有抑郁症倾向的神经症患者失去了其"心头好"，他所经历的"丧失"与权力丧失型缺失并无差异。在失去其"心头好"的同时，他感受到的（就像失去了自身某个重要部位一样）失去这个"部位"的自我是不合理的，因为一旦失去了这个"部位"，他整个人就会"灰飞烟灭"。有鉴于此，在我们刚刚谈到的神经症患者的"丧失"经历时，我们用到了一个"撕裂"的形象。具有抑郁症前期征兆的神经症患者把失去他人的爱、失去他人诚挚的爱当作把手从身体上撕扯下来，就像把心剜了出来一样。我要补充的是，权力丧失型缺失经历所带来的感受是一种撕裂般的疼痛，我们把这种痛感称为"抑郁型悲伤"。

"三体"感受中的另一个术语是挫折。挫折型缺失可以这样表述：我未能拥有需要的东西，我受到了不公平的待遇。在权力丧失型缺失的案例中，当事人的感受是"我本该拥有的东西现在无法得到了"；而对于挫折型缺失而言，当事人的感受是"我没有得到应得的东西"。事实上，挫折型缺失是缺少了有需求的事物或未能实现的期待、梦想。例如：我梦想能够获得这次实至名归、梦寐以求的晋升机会，但他们突然告诉我，我没能获得这次机会，而且完全没有任何解释……更过分的是，我刚刚得知，是部门中最没用、最无能的那个人得到了这个职位！

现在，让我们把挫折运用到刚刚遭遇了一次情感打击的抑郁症患者身上。他失去了"心头好"这个经历就属于挫折型缺失。由于失去了所爱之人或物，他同时失去了曾经赖以维持的远大前途。在我们这个例子中，患者的"心头好"并不是某个至亲，而是工作多年且理应给予他晋升机会的公司。我们可以补充道：挫折型缺失的经历综合了未能得到曾经期待拥有之物而产生的悲伤，以及被欺骗而导致的愤怒。在第一部分中，我们把这种情感交织的结果称为"怨恨"。现在让我们再来概括一下：如果说权力丧失型缺失的感受是撕裂般的疼痛感，那么挫折型缺失的感受就是欺骗带来的怨恨。

作为对拉康学说中"三体"感受的补充，我现在来说一下受阻。在我所提出的"三体"感受中，我并没有把受阻型缺失放进去，但大家会发现，它与各种"丧失"经历是密不可分的，因为从某种程度上讲，它涵盖了各个类型的缺失。我会详细解释个中原因，但首先请允许我给受阻型缺失下一个定义。受阻本身并不属于缺失的类型，它只是一种缺失忧虑，忧虑缺失的对象则是某个我认为会得到而且害怕失去的珍贵物品。因此，起主导作用的感受既不是痛苦，也不是怨恨，而是焦虑——担心失去"心头好"并为之痛苦的焦虑感。

事实上，受阻的情况本身并不存在。并没有人实际出手阻挠，也不会有人这么去做，这是有悖于实际情况的。其实是神经症患者在想象中拥有了某个珍贵物件（或某种超能力），然后在想象中出现了失去它的可能性（导致了因失去或受阻而产生的焦虑感），并在想象中产生了一旦不幸失去它而备受煎熬的想法（身体不适焦虑也是受阻焦虑的其中一种类型）。事实显而易见，所有的不幸遭遇都是神经症患者想象出来的！

最后，我会说到我个人认为应该增加的这个类型，这是我通过接诊的部分患者被痛斥羞辱后陷入抑郁症的亲身经历获得启发而来的想法。我目睹了许多由于遭受难以忍受的欺凌而导致抑郁症的案例。因此，这种"丧失"经历可以按照以下方式阐述：我的自尊心受到了伤害，因为我的伴侣不懂得在我的朋友面前尊重我。我当时不知道如何自我保护，但突然之间，我自己也不再尊重自己了，我觉得自己一无是处。我失去了尊严，因为我觉得自己失去了所有人的喜爱。在这种情况下，起主导作用的感受是一种痛苦感，那是一种让人窒息的苦楚，让我觉得自己配不上别人（或别人的看法）。在这种情况下，爱人对我越好，我就会愈加觉得自己不值得。

在此，我给自我存在和所有权归属加一个简短的备注。大家是否记得权力丧失型缺失者的自陈是"我本该拥有的东西现在无法拥有了"；挫折型缺失者的自陈是"我未能拥有他人拒绝给予我的东西"；羞辱型缺失者的自陈是"因为他人的嘲笑，我再也无法拥有自尊心了"；而受阻型缺失者则强调了三种"丧失"经历带来的焦虑感。在权力丧失型缺失者的自陈中，内心自我存在的某个部分被"截肢"了，因此权力丧失型缺失属于自我存在的领域。在挫折型缺失者的自陈中，我无法拥有爱人曾经答应过我的事情，因此，挫折型缺失属于所有权归属的领域。至于羞辱型缺失，同属所有权归属的领域，因为自己已经失去了对自我的自豪感。

这就是我之前对大家说过的三种缺失类型，所有具有抑郁症倾向之人都会对此展现过度敏感的一面。

在结束第二部分内容之前，我向大家介绍一种实用工具。我把对抑郁症易感之人[①]的所有性格特征汇总起来（见表 2-1）[②]，以便各位在接诊患者时能够快速地检测其抑郁症易感性，同时采取有效措施来避免其征兆进一步发展为抑郁症。

为了能够突出具有抑郁症前期征兆的神经症患者的主要性格特征，我选择了将其与对抑郁症不易感之人的性格特征进行逐条比对。因此，大家马上会在表 2-1 中看到对抑郁症不易感之人和对抑郁症易感之人（此处即具有抑郁症前期征兆的神经症患者）的性格特征对比。

---

① 等同于前文所述的"具有抑郁症倾向之人"，但在使用"易感"一词时，暗示了其存在先天基因遗传的可能性。——译者注

② 此处作者根据个人经验列举出对抑郁症易感之人的性格特征，不可作为抑郁症的诊断标准，具有这些特征并不意味着必然会发展为抑郁症。——编者注

表 2-1   检验抑郁症易感性和预防抑郁症

对抑郁症不易感之人

成长型童年心理创伤

对抑郁症不易感之人没有神经症，尽管由于年少时曾多次遭受心理创伤而不可避免地对自我意识产生影响，但创伤未对其自我意识造成伤害。"成长型童年心理创伤"的创伤是塑造性格必不可少的因素，相关例子包括弟弟妹妹出生或祖父母之一去世等。所有这些心理创伤一旦过去，便会成为帮助他们成熟的事件。

对抑郁症不易感之人的性格特征

依赖性：对抑郁症不易感之人的依赖性属于相对依赖性。如果爱人离开，他们会感到难受，但会继续爱自己和重新爱上其他人。

（续）

对抑郁症易感之人

严重的童年心理创伤（0～16岁）

对抑郁症易感之人属于由于在童年时期遭受过严重的心理创伤而变得极其脆弱的人，其内心的自我意识受到了严重的伤害。

对抑郁症易感之人的性格特征

依赖性：对爱人表现出共生型依赖性。"我不能没有你，没有你就等于没有了我。我们两个人是永不分离的。"共生型依赖性属于绝对依赖性：如果爱人离开或去世了，对抑郁症易感之人便再也感受不到生存的意义，他不再爱自己，不愿意也没有能力重新爱上其他人。于是，他便发展成抑郁症患者。

（续）

对抑郁症不易感之人

自恋情结：拥有健康的自恋情结。"如果你爱我，我也会爱自己。但是，如果你不再爱我，我肯定会觉得难受，但我终究还是会继续爱自己，并且足以灵活变通地让自己敞开心扉去接受一段新的恋情。"

对正常的自恋情结来说，我对自己的爱不从属于他人对我的爱。

（续）

对抑郁症易感之人

　　极端自恋情结：拥有病态的自恋情结。"当我感觉被纯粹的爱意包围时，我会觉得自己无所不能。如果你爱我，我就会梦想自己很强大，但如果有一天我失去了你或失去了你对我的爱时，我就会抑郁，进而无法爱自己或重新投入一段新的恋情。"

　　对抑郁症易感之人对自己的爱是有前提条件的，他需要感受到伴侣对自己毫无保留的爱意。如果这段感情无法维系，对抑郁症易感之人将发展成抑郁症患者，他憎恨欺骗自己的人并憎恨自己。

　　因此，对抑郁症易感之人的病态自恋情结来说，我对自己不切实际的爱从属于他人对我不切实际的爱。

（续）

对抑郁症不易感之人

焦虑感、异常激动、罪恶感：对抑郁症不易感之人也经常会出现焦虑感、异常激动的情况，偶尔会产生罪恶感。他们所经历的所有正常成长的心理创伤均属于两种角色（坏蛋和受害者）"参演"的暴力场景。

童年时期的场景被记录在此人成年状态的无意识当中，但其本人对此并不知情，而他不断地在自己的各种亲密关系中扮演（并重复扮演）着这两种角色。

如果他扮演了受害者的角色，就会因为被爱人挑衅、抛弃、羞辱或因其受挫而让自己产生焦虑感；相反，如果他扮演了坏蛋的角色，就会因为挑衅自己的爱人，将对方当成物品一样抛弃、羞辱或使其受挫而得到愉悦感。

每个人都会在异常激动过后偶尔产生罪恶感。因此，他们会在亲密关系中偶尔表现出焦虑感、异常激动或罪恶感。

（续）

对抑郁症易感之人

自恋、过度敏感：对抑郁症易感之人会交替处于两种截然不同的状态中。

有时，如果他们感受到被纯粹的爱意包围时，就会表现出相当自恋和无所不能的特点。而其他时候，如果他们觉得被辜负时，就会表现得非常焦虑不安和过度敏感。当他们觉得自己无所不能时，所有事情对他们来说都易如反掌，并且他们深信自己能够规避所有危险："我不会发生任何意外，因为我觉得自己被无敌的爱意包围。"

另外，当他们表现得焦虑不安和过度敏感时，他们会认为："我必须时刻保持警惕，因为大难可能随时降临。"（这里说的大难是指被抛弃、被羞辱或感到受挫）

（续）

对抑郁症不易感之人

　　对抑郁症不易感之人具有感知所有失去所爱或被疏远风险的敏感性。他们越是依赖自己的爱人，便越是能够感知失去所爱和为之痛苦的可能性。我把失去"心头好"分成了三种类型：被抛弃、被羞辱和感到受挫。因此，我们可以说对抑郁症不易感之人在情感上：

- 具有感知被抛弃（如失去父母保护型的爱）的敏感性；

- 具有感知被羞辱（如因为伴侣不再尊重而失去自尊）的敏感性；

- 具有感知挫折（如失去获得伴侣履行曾经的诺言的希望）的敏感性。

　　一旦发生上述任意一种缺失，尽管他们毫无疑问会感到难受，但不会因此而患上抑郁症。

（续）

对抑郁症易感之人

　　对抑郁症易感之人对所有失去爱人或感情的风险会表现出过度敏感性。他对爱人是如此的依赖，以至于当他感到一个人独处或被辜负时，他会把伴侣鸡毛蒜皮的小错误以夸张的方式解读成抛弃、羞辱或拒绝的行为。因此，我们可以说对抑郁症易感之人在情感上：

- 对最轻微的抛弃迹象（如爱人偶尔离开）表现出过度敏感性；

- 对最轻微的羞辱迹象（如爱人的某个令人恼火的意见）表现出过度敏感性；

- 对最轻微的挫折迹象（如爱人的某个无心之失）表现出过度敏感性。

　　总之，对抑郁症易感之人与大家可能存在的印象有所不同，他并不是只有忧郁的一面，而是以极其不稳定的方式处于两种大相径庭的感受之中，即"无所不能感"和"脆弱感"交替出现。当他拥有被纯粹的爱意包围的幻想时，他就是一个梦想家；而当他感到一个人独处或被辜负时，他就会展示自己不自信和过度敏感的一面。

（续）

对抑郁症不易感之人

　　情感打击：如果失去了爱，对抑郁症不易感之人会受到刺激并感到悲伤，但他不会发展成抑郁症。

　　"我感到十分难过。他（她）为什么要离开？这已经不是我第一次被甩了。我感到难过，但我知道自己死不了。"

　　当他们失去"心头好"时，会感到悲伤，但无论痛感再怎么难以忍受，他们都不会被毁掉。

　　我们需要理解这种说法：当我们失去某位至亲时，我们失去了自己的一部分——感受、希望，甚至曾经让我们感到愉悦的各种感官感受。当我们失去所爱时，也失去了自我的一部分。

（续）

对抑郁症易感之人

情感打击：如果说对抑郁症易感之人并非"梦想家"，那么他就会对失去"心头好"的想法感到焦虑。当这种让人如此恐惧的缺失发生时，他的幻想就会破灭，进而发展成抑郁症："我感到非常沮丧，我因为怀疑爱人背叛我而使得心情跌入谷底！如果没有克里斯蒂娜，我就什么也不是了。我恨她，我也恨我自己怎么会那么天真。"皮埃尔的痛苦属于长期侵袭性悲伤，这种情绪与所托非人的愤恨相互交织在一起。他觉得自己的人生被毁掉了。当具有抑郁症前期征兆的神经症患者失去了心中所爱时，他同时也失去了整个曾经的自我。

- 如果缺失指代的是被爱人抛弃，分析对象就会失去那个至死不渝的爱情幻想。因此，这种缺失属于突然权力丧失的经历。

- 如果缺失指代的是遭到爱人施暴而自尊心受伤，分析对象就会失去那个让人羡慕的爱情幻想。因此，这种缺失属于无法忍受的被羞辱经历。

- 如果缺失指代的是求爱被拒，分析对象就会失去那个两情相悦的爱情幻想。因此，这种缺失属于难以释怀的挫折经历。

（续）

对抑郁症不易感之人

无症状的神经症性格

对抑郁症不易感之人在神经症性格方面会具有恐惧症、强迫症或癔症为主导的特点，但上述情况均属于无明显症状者。

需要被保护的恐惧症性格特点："我不喜欢改变。我不喜欢走动得太频繁或不在家里过夜。即使我让我的猫一直陪着我，但我还是觉得不安全。"

表现出恐惧症性格特点的对抑郁症不易感之人，会一直存在不安情绪并可能退化为幼童依赖性。通常情况下，他会展示自己坚强、刻薄、独立的一面，以此掩饰其内心胆小、懦弱的幼童心理状态。

（续）

对抑郁症易感之人

对抑郁症易感之人属于表现出恐惧症、强迫症、癔症或疑病症状的神经症患者。

有症状的恐惧症：如果对抑郁症易感之人曾经由于被抛弃、被拒绝或情感上的不作为等遭受过严重的童年心理创伤，那么他们将来可能会出现罹患恐惧性神经症的风险。

我们可以通过以下性格特征来区分神经症类型：

- 把爱人稍微怠慢的行为视为一种权力丧失的过度敏感性。

- 针对特定事物或恐惧状况表现出来的强烈焦虑感。

- 对他人目光和观点的回避态度。

- 恐慌的打击。

- 企图与让其感到害怕的事物进行对抗的反恐惧症冲动行为。

我们也可以通过患者发病时，对其爱人所展示的需求程度和怨恨的激烈程度来区分恐惧性神经症类型。出现上述任意一种恐惧症的症状，即可视为该患者可能发展成抑郁症患者。

（续）

对抑郁症不易感之人

　　需要被认可的强迫症性格特点："在我们两人当中及在工作中，我对官方权威都有点意见。我总是害怕被评判、被贬低或不受待见。"

　　具有强迫症性格的人倾向于表现出谨小慎微、完美主义、执拗的一面，偶尔会在家庭（或工作）当中表现得非常专制（或低声下气），非常关注秩序、金钱和卫生等问题，并且喜欢在这些问题上让别人顺从其安排。

　　通常情况下，他们会展示自己亲切、温顺的一面，以此掩饰内心咄咄逼人却自知理亏的幼童心理状态。

（续）

对抑郁症易感之人

　　有症状的强迫症：如果对抑郁症易感之人曾经由于在生理或心理上被虐待遭受过严重的童年心理创伤，他们将来可能会有罹患强迫症的风险。

　　我们可以通过以下性格特征来区分神经症类型：

- 把轻微指责的行为视为一种不可饶恕的羞辱的过度敏感性。

- 对自己及他人极度严苛。

- 强迫症状（即无法抑制的重复性想法和行为）。

- 对该做和不该做的事情出现反常的质疑。

　　其病发时的激烈程度与所展现的友善形成了鲜明的对比。出现上述任意一种强迫症的症状，即可视为该患者可能发展成抑郁症患者。

（续）

对抑郁症不易感之人

需要爱的癔症性格特点："从来没有人爱过我。大家不知道对我造成了什么样的伤害。我总是感觉很受伤，但其他人对我的痛苦视而不见。我希望有人对我说'我很抱歉曾经伤害了你'。"

无论他们获得了多少的爱，展示出癔症特点但不属于神经症患者的人总是觉得自己被辜负了，但其实他们的童年仿佛生活在蜜罐里！

（续）

对抑郁症易感之人

　　有症状的癔症：如果对抑郁症易感之人曾经在性方面遭受过童年心理创伤，他们将来可能具备罹患癔症神经症的风险。

　　我们可以通过以下性格特征来区分神经症类型：

● 　把婉言拒绝的行为视为一种难以忍受的挫折的过度敏感性；

● 　把所有（感受、想法、身体和行动等）非生殖感官、器官视为色情并厌恶所有器官，以及大量使用肢体表达的方式来展示生理障碍形式的无意识冲突。

　　出现上述任意一种癔症的症状，即可视为该患者可能发展成抑郁症患者。

17　创伤与抑郁症

不是所有曾在童年时期遭受过创伤的人都会具有抑郁倾向，不是所有具有抑郁倾向的人都会发展成抑郁症患者！

我希望通过我的临床经验给第二部分画上一个圆满的句号，同时和大家分享两点看法。

首先，大家要记住的是，除了恐惧症、强迫症和癔症这几种神经症患者，患有疑病症、饮食障碍、性障碍、成瘾症或精神病等其他多种类型病症的患者也属于对抑郁症易感之人群。我想补充的是，对于已经有抑郁症发病史的患者而言，再次发病的风险系数会更高一些。这种更高的风险被称为"多发损伤性易感"。

其次，根据我在实践中的观察，并不是所有遭受过童年创伤的人都会患上抑郁症，发展成抑郁症患者的比例只比 1∶2 稍高一点。如果让我来解释这个比例的含义，就要重新引用我们的抑郁症起源模式的顺序：心理创伤→具有抑郁症前期征兆的神经症→情感打击→抑郁症。我们可以用以下方式来诠释。

在每 10 个被抛弃的儿童中，会有 5 人成年后存在恐惧症障碍并因此具有抑郁症倾向。而在每 10 个存在恐惧症障碍的成年人中，会有 5 人在遭受情感打击后发展成抑郁症患者。

在每 10 个被虐待的儿童中，会有 5 人成年后存在强迫性神经症障碍并因此对抑郁症易感。而在每 10 个存在强迫性神经症障碍的成年人中，会有 5 人在遭受情感打击后发展成抑郁症患者。

在每 10 个被性侵害的儿童中，会有 5 人成年后存在癔症、感情或性障碍并因此对抑郁症易感。而在每 10 个存在成瘾症障碍的成年人中，会有 5 人在遭受情感打击后发展成抑郁症。

对专业人士来说，上述数据概况仅仅具有借鉴意义，如果想应用于实践，应该与创伤和创伤后果之间关系相关的其他研究数据进行比对。尽管如此，请各位一定要记住：个人的特殊性始终凌驾于数据之上。我们永远无法把人生套用在某种一成不变的固定模式上。

在我们进入下一部分之前，我想回顾一下到目前为止我所提出的抑郁症的主要定义。

第一种定义是描述性定义：抑郁症是一系列可观察的症状，这种定义并不关注导致抑郁症的原因是什么。

第二种定义是临床性定义：抑郁症就是具有抑郁前期征兆的神经症代偿失调。[①]大家请记住我的说法：抑郁症就是神经症的"残渣"。

第三种定义是纯精神分析性定义（其实所有这些

---

① 作者站在精神分析师的角度，出于确认来访者是否属于抑郁症患者的目的，强调抑郁症临床症状背后的病理性原因。——译者注

定义都是精神分析性的定义，因为它们都是由精神分析师提出的定义）。与描述性的定义有所不同，这种定义对导致抑郁症的无意识原因进行了描述：我需要强调的是，抑郁症是由于失去幻想而触发的悲伤情绪，但所失去的幻想是一种双重幻想。

　　第四种定义是精神病理学定义，这是对我们第三种定义中三种临床类型神经症的应用结果。恐惧症患者的抑郁症是双重幻想缺失所导致的病态幻想破灭——（在幻想中）感受到具有保护意义的爱意，而其终将成为最独立的存在。强迫症患者的抑郁症是双重幻想缺失所导致的病态幻想破灭——（在幻想中）感受到对其仰慕的爱意，而其终将成为最完美的存在。癔症患者的抑郁症是双重幻想缺失所导致的病态幻想破灭——（在幻想中）感受到独享温柔的爱意，而其终将收获虚无的爱。总而言之，恐惧症患者梦想获得独立，强迫症患者梦想得到完美，癔症患者梦想得到纯粹的爱。有一点需要明确的是，我使用了"病态幻想破灭"的表达方式来隐喻分析对象抑郁的原因：他并不是失去了某个外在的物，而是失去了某个内在的事——他的双重幻想。

第三部分

如何干预抑郁症患者

在第三部分，我想和各位探讨抑郁症的精神分析疗法。我之所以把它称为"精神分析疗法"，是因为我们的角色是精神分析师，我们不仅要和懂得开抗抑郁处方的精神科医生一起携手找到消除抑郁症状的方法，还要秉承精神分析师的使命——去改变抑郁症患者神经症性格特点的本质问题。就像我在第一部分中讲的一样，我们不仅仅要对抗抑郁症的负能量，还要打击具有抑郁前期征兆的神经症的负能量。具体来讲，就是如何干预抑郁症患者？

为了回答这个问题，我将向各位介绍首次接受抑郁症患者咨询时可能出现的三种临床状况。我先讲讲洛朗（Laurent）的故事，然后会讲到已经回归正常生活的克拉拉（Clara）小宝宝的案例，最后是采用了抑郁症全新干预方法的杰雷米（Jérémie）的故事。

18　假装心力交瘁的洛朗

　　洛朗前来咨询的时候，正处于抑郁症状特别明显的一个阶段。他50岁出头，是两个男孩的父亲，在一家大型互联网平台企业任生产部门主管。他当时已经暂停工作，他认为自己的情况是由业务上的问题导致的。他坚信，是工作让自己心力交瘁并最终发展成抑郁症的。因此，他和其他许多患者一样，给自己的痛苦模式贴上了"心力交瘁"的标签。我了解到，他由于上司把他擅自调到另外一个部门而与上司产生了矛盾，我于是提出"可能从幼年时期开始，他便已'感染'了抑郁症（即更广义角度上的崩溃痛苦瞬

间 ①)"的这个说法。我随后得知，他在两岁时因一场车祸失去了父亲；成年以后，他也有过两次让其苦不堪言的"挫败"经历：一次是被童年好友欺骗；另一次是妻子突然离他而去。

这个案例的关键之处在于，他身上散发着那种无不动容的硬汉气质，与眼神中悲伤却略带小男孩那种怯怯的温柔形象，二者形成了巨大的反差，这让我感到十分惊讶。

表情是无意识的窗户。

简－大卫·纳索

在这里，我想强调一下精神分析师的重要性，大家要懂得如何一眼看穿与你对话之人的外在气质，同时从他的眼神中读取隐藏信息。我一直认为，真正的

---

① 强调并不一定是真正意义上的抑郁症。——译者注

自我躲藏在每个人各自的表情面具后面，而我们要揭开面具来看的，是连我们自己都不知道的最隐秘的角落。

精神分析师要学会哲学家伊曼努尔·列维纳斯（Emmanuel Levinas）所说的"观望"，我想把这个动作补充说明为"观望他人的表情"，由此打开外在气质中隐藏的那扇无意识之门。也是出于这个目的，我久久凝视、解读洛朗的眼神，从中寻找这个艰难度日的悲伤之人内心深处那个焦虑不安的"小男孩"。

在首次咨询快要结束时，我采取了一次非常规手段"主观性调整措施"对其抑郁症问题进行解读，也就是说，解读谈话不仅会让患者感到信服、出其不意的同时，还能达到扭转其想法的效果。那么，我到底和洛朗都说了些什么？我又调整了什么？扭转了他的什么病态想法？我要调整的是——他为了证明自身状态而采纳的错误的自我解读。我用了很浅显并符合他本人预期的方式告诉他，他的抑郁症并不是因为工作压力太大所造成的，而是对于刻骨铭心的幻想破灭的一种响应方式；在这个抑郁的男人内心，我看到了一个非常黏人且焦虑的小男孩，这个孩子因为觉得自己被抛弃了而感到非常悲伤。我还告诉他，当曾经深受洛朗爱戴并像父亲一样存在的那位上司亲自告诉他，一个年轻有为的同事取代了他并获得了他想要的那个职位时，他不仅仅把这个决定看作职务变动，还将之视为让他抬不起头的降职——他觉得自己就像被抛弃了一样。"那种从小时候起便一直挥之不去的情绪"，我告诉他那是一种错误的自我解读："焦虑、恐惧——害怕再也没有人爱你了，害怕失去那种对你来说很重要的人，害怕失去你所爱的人给予你的那种安全感。"洛朗对他人给予的爱表现出强烈的依赖性，因此，当他把所有事情都解读为"不爱他"的行为时，他就会产生强烈的焦虑情绪，于是他就"破罐子破摔"，患上抑郁症。

不知道大家还记不记得焦虑与悲伤的区别。焦虑是害怕将来会失去所爱，而悲伤是因为现在失去了所爱而痛苦。在抑郁症患者身上，这种焦虑就像是其性格的温床，而洛朗的抑郁型悲伤，则是把职务调动视为失去所爱而导致的一种反应。以前，洛朗认为自己的抑郁症是工作压力太大的反噬，然而事实上，正是由于失去了那个曾让他拥有安全感的"心头好"才会触发他的抑郁症。

我们都知道，不是每一个被降职的人都会患上抑郁症！只有那些一旦感受不到别人的爱意就无法相信自己的人，才会患上抑郁症。我们可以在感受不到他人爱意的情况下继续相信自己。然而，抑郁症前期征兆者的情况却有所不同：如果要让他们相信自己，就必须让他们感受到自己被无条件地深爱着。我要强调一点，这种需求正是抑郁倾向的本质问题——只有感受到自己被无条件地深爱着，才能够相信自己。

总之，当我在聆听抑郁症患者的诉说时，我自己并没有意识到这个问题，但是在咨询快要结束时，我的脑海里出现了一个让我感到不寒而栗的想法，有鉴于此，我决定立刻介入。我想把这个想法拆解成下面这样一个程序。

在此之前，我告诉自己，洛朗的父亲突然离去的经历正是他感觉被抛弃而产生的童年心理创伤。

然后，我本能地感觉到，在极其紧张的母亲的独立照料下，那个被过度保护的小男孩就是曾经的他。当他向我透露母亲确实曾经特别焦虑时，我就知道——母亲身上的这种焦虑感被转移到他的身上，而这种焦虑造就了洛朗的人格并塑造了他的个性。

我在这里讲一点题外话。我刚刚提到的原话是"我本能地感觉到"他曾是一个被过度保护的小男孩。很显然，我像每个医生那样去"望闻问切"。"感觉"就是"闻"，这是值得我们信赖的绝佳干预手段，但这里有一个前提条件：不仅必须拥有足够的专业经验和知识储备，还必须在前辈的指导和监督下。满足了这个前提条件，我们才能做到感同身受。相反，如果你刚刚入行，知识储备不足，也没有人在旁边给予你指导意见，那就尽量避免和患者去谈你的个人感受。

好了，继续回到我们的程序。

随后，我还想到了，这个被过度保护的孩子发展出了一个过度理想化的自我，以及一种让他无比脆弱的自恋型自豪感。一个孩子被过度保护的程度越高，他那个"无所不能"的自我就越膨胀，他反而对于人生打击的承受能力就越低。我要强调的是：越是被过度保护的孩子，反而越是弱小无能。我认为，那个小男孩洛朗的形象恰好符合母子亲密无间的关系这种假设。因为通常情况下，小男孩洛朗应该会出现两种截然相反的行为：在家时任性霸道；在学校时会表现得害羞腼腆和焦虑不安。

于是我想到的下一个情景是，一旦长大成人，在自己并没有意识到的情况下，洛朗需要在自己所从事的职业上找到被爱的感觉，他需要感受到自己被他人所爱。那种给他带来安全感的爱于他而言，就像是必

不可少的精神支柱一样，只有这样，他的生命才能得
以维持。

最近，在得知上司决定调整他的职位后，他把这
个决定视为一种拒绝，让他产生了被他人背叛的愤怒。
因此，他便出现了抑郁症的症状，这是一种悲伤情绪
的蔓延，随之而来的还有对自我的负面想法，让人麻
木不仁的焦虑情绪，极其灰心、泄气以及让人难以言
表的空虚感。

我想通过对"主观性调整措施"做一个注解，给
这次咨询画上句号。这个调整措施作为干预抑郁症患
者的初始手段，可以说是真正的第一次，也可能是对
抑郁症患者最重要的一次解读。许多人可能会觉得，
我对洛朗使用的介入手段在首次咨询时似乎时间太长
并且过于详细。我本人确实倾向于使用多种介入手段，
因为我在很久以前就知道，我在首次咨询结束时所采
用的调整性对话，即以说服为目的的对话内容，会引
起患者的思考。在洛朗的这个例子中：感觉自己被理

解，会让他产生希望能够被尽早治愈的欲望。这些最初的谈话内容在很多情况下会在分析对象的情感记忆中留下深刻的印象，同时会在治疗过程中的某些决定性时刻产生相应效果。在后面的内容中，我们会惊讶地发现，在洛朗的案例中，这些谈话内容会从患者口中被重新提起。

19　没有求生欲的克拉拉

现在，让我们来看看克拉拉的故事，这是证明精神分析的诠释有效性的例子。显然，并不是所有的诠释都能够拥有"药到病除"的功效，但我坚持与大家分享这次独特的干预过程，并以此分享我个人尝试过的对婴儿抑郁症患者，甚至是成年抑郁症患者的干预方法。

克拉拉是一个 10 个月大的婴儿，她比较羸弱，脸色苍白，这在婴儿当中并不多见；她那小小的身躯没有一点生气，她什么也不愿意吃，一天睡眠不超过 3 小时。她的妈妈告诉我，他们已经看了好几个儿科医生，但是情况并没有好转。她还告诉我，克拉拉以前总哭，但最近这段时间，克拉拉倒是不哭了，但又不愿意睡觉了，总是眼睛睁得大大的，显得非常悲伤。在整个咨询过程中，克拉拉显得迟钝而呆滞，面无表情，一动不动地坐在妈妈的腿上。我对这次干预过程印象特别深刻。

在咨询进行了一段时间后，我突然冒出一个想法，想问问这个妈妈本人的睡眠情况："医生，我睡得特别少！克拉拉不睡的话，我怎么睡呢？"这个回答引起了我的担忧（在寻找关键问题的细节上，我总是能够形成本能的反应）。出于对这个细节的担忧，我继续追问下去："在你睡着的这段时间里，你睡得好吗？"这位妈妈犹豫了一阵子，随后她回答我说："其实，我身上发生了一件很可怕的事情。每次睡着了以后，我都会被一个可怕的噩梦吓醒——我能看见我的妹妹站在我面前，她离我很远，就在那里一直哭，她好像想对我说些什么。这就像是幻觉一样。"幻觉？为什么会这样？我不禁自问。"那是我最小的妹妹露西，她在 8 个月前碰到了一些难言之隐，最后轻生身亡。这个幻觉自从宝宝出生后，每天晚上都会出现。"说完，她便忍不住抽泣起来。就在那一刻，我看着这个落泪的母亲，我转过身对着克拉拉，不假思索地用一种肯定的语气对她说：

克拉拉，你知道吗，我刚刚明白过来你为什么不睡觉了。你不睡觉是因为你觉得妈妈很伤心，你希望自己能够保护她。但是，我现在知道你妈妈为什么会哭了，我向你保证，我负责保护她。我来处理你妈妈的情绪问题。我现在向你保证，你可以放心睡觉了！

当我这么对她说完以后，克拉拉把脑袋转过来对着我，眼睛里展现出一个充满智慧的眼神。她不再像咨询开始时那样目光呆滞了。突然间，克拉拉挺直身体坐了起来，就像她的身躯重新充满了电似的，钻进了妈妈的怀里，小脑袋枕在妈妈的手臂上，显示出一种释怀而舒缓的姿态。很显然，克拉拉并不明白我这些话的意思，但她能感受到话语中的情感旋律。按照这种理解思路，我当时的旋律应该同时表达了关怀和肯定两层意思。

当精神分析师说话的时候，当我们诠释问题的时候，除了所说的内容本身，语气当中的旋律震动及情感旋律，所有这些细节都会产生一种内在的和弦，与患者的内心世界产生共鸣。我认为，如果精神分析师能够"演奏"出一曲动人心弦的旋律，就完全可以将其理解为一次成功诠释的标志。

让我们再回到这个案例。3 天后，当我再次看到这对母女时，克拉拉和之前完全不一样了，她的妈妈也发生了一定的变化。到底发生了什么事情？我的诠释让孩子感到有所释放，因为我向她保证了要对她的妈妈负责，这相当于我把克拉拉从那个想要自己照顾妈妈的不可能完成的任务当中解脱了出来。至此，克拉拉不再需要婴儿座椅了——因为看起来已经拨开云雾见青天的妈妈再也不用带着婴儿座椅了。也就是说，这个不知所措的婴儿内心承受了许多与年龄不符的担忧，她企图超越自己的能力范围去保护自己妈妈的想法不仅因为对妈妈的爱，也是出于自身生存本能的原因：她对妈妈的需求是既定的实际需求，她需要找回那双强壮与温柔并存的臂弯来作为自己的避风港湾！①

　　克拉拉由于想要努力完成超越其能力范围的、不可能完成的任务而感到精疲力竭。她给我的印象是——本该处于口欲期②年龄的克拉拉已经先行进入下一个阶段：肛欲期，她已经拥有用双臂拥抱自己喜爱之人的能力了。她迫切地希望自己能够成为妈妈的妈妈，这对于一个婴儿来说实在是天方夜谭。在我向她动之以情地表态"我来对你妈妈（的问题）负责，你

① 克拉拉的母亲因为妹妹去世的哀悼暂时失去了涵容、养育的功能，这时克拉拉的内心世界受到了巨大的生存危机，因此她扮演起了母亲的母亲角色：焦虑和照顾母亲。精神分析师提供的语言、空间和作用是给母亲一个情感的容器，让母亲可以在分析师这里得到照护。然后，克拉拉的生存焦虑降低，安然做回婴儿了。——编者注

② 弗洛伊德学说认为，儿童的成长阶段分为五个阶段：口欲期、肛欲期、性器期、潜伏期和生殖期（青春期）。——译者注

可以放心睡觉了"之后，我让她意识到"做回你自己，重新成为一个无忧无虑的婴儿就可以了。好好休息吧"，她因此恢复了应有的生机。

我为什么会冒出这些话呢？就在我看到她的妈妈忍不住落泪的那一刻，我明白了克拉拉的痛苦源自她没有能力照顾自己的妈妈，她没有能力成为自己妈妈的妈妈。但是，我的这个想法并不是经过深思熟虑之后形成的，相反，这个想法是突然在我脑海里浮现的。

直到这个时候，我依然没有找到克拉拉抑郁的原因所在。当我听到她的妈妈抽泣的声音，并看到她的妈妈因为自己妹妹的去世而如此动容时，可以说，我是下意识地转过去对着她说了那些话。我集中精神去感知她身上的悲伤情绪，这会是一种什么样的悲伤？她的悲伤源于觉得自己失去了情绪低落的妈妈对她的爱，而且终将因为失去了这种必不可少的爱而失去了生存的欲望。在此，我想再次强调我认为本书中最为弥足珍贵的想法：婴儿抑郁症和成年抑郁症如出一辙，当分析对象失去了唯一一个让其茁壮成长的幻想时，抑郁症就会袭来。这是一种被某个爱他之人所期待、所召唤的幻想，这种爱是他继续人生之路的动力，这也是这个抑郁症患者不再拥有的东西：被期待、被爱和被生活所召唤的感觉。

再来详细说说我的感觉。当我面对克拉拉的时候，我还感觉到了悲伤以外的其他情绪，我感觉她的身躯就像是得了强直性脊柱炎似的四肢麻木，整个人都很僵硬，紧绷到了极致，她焦虑地寻找着母亲再也不抱着她的那双手。我甚至能够想象到克拉拉这一副幻觉般的身躯就像是举重运动员的身体，在失去了妈妈拥抱的同时，她就像是失去了自己的脊柱一样，而她的脊柱本该和妈妈的臂弯紧紧地贴合在一起。

我幻想中那副异常紧绷的身体和这个悲伤的婴儿实际上毫无生气的躯体恰好相反。在我面前，我看到的是一个疲惫不堪的婴儿，而我"听到"的心声里，却让我"看到"了一个过度"激动"的婴儿，她竭力冲向前方，尽管无法挺直胸膛，她依然极度希望尝试去完成不可能完成的任务。也就是说，精神分析师幻想出来的四肢麻木的躯体，与婴儿抑郁症患者精神萎靡的身体有着很大的差别。

我向大家介绍我给婴儿抑郁症患者这次咨询的原因在于，这是我对抑郁症原因解读方式最鲜活的例子。这不是一种理性的解读，而是一种从本能出发、纯粹感性角度的解读。这种解读方式是我认为干预抑郁症患者最为行之有效的方式。这种解读手段是精神分析应当与其患者建立三种共情的结果，具体是指：第一种共情着力于患者的有意识经历；第二种共情则作用于其无意识经历（为患者解读的最佳办法不仅要告诉他自己的感受，还要让他知道自己未感知到的感受）；第三种共情是要在必要的情况下告诉他，其伴侣（最亲近之人）对他所产生的无意识感受。

作为精神分析师，我们能够和抑郁症患者形成三种共情的关系，即我们要体验以下三种感受。

　　第一种是有意识的感受。在克拉拉的案例中，我感受到了她由于被母亲"弃之不理"而逐渐形成让自己"自生自灭"的想法。

　　第二种是无意识的感受。在克拉拉的案例中，我同时感受到她在抑郁的过程中，企图以"自我枯萎"的方式达到成为母亲的母亲这个目的。

　　第三种则是体验患者最亲近之人的无意识感受。在克拉拉的案例中，我同样感受到了一个束手无策的母亲那种心神不宁，她的内心独白是这样的："我不能再这样了！我甚至没有办法照顾我自己的女儿。"当我看到这位母亲哭泣的时候，我感觉到她在无意识中对自己说道："我当时没有照顾好我的妹妹，她已经去世了，而现在，我甚至没有办法照顾好自己日渐憔悴的女儿。"

　　在我看来，精神分析师只有在干预过程中全程采用"裸感"的方式才能真正做到这三种共情。其实我应该用"纯想象疗法"来称呼这个干预过程，原因在于——

没有了想象，共情又从何谈起呢？要想和患者共情，就需要想象其所体验到的感受，并设身处地地想象自己去体验这些感受的情形。如果要用一句话来简单概括，那就是"我想象其所感，并想象自己所感"。

20　两个重要的任务

在前文中，我和大家分享了和洛朗首次咨询时我所采取的精神分析干预举措，还有之后克拉拉及其妈妈的案例。大家已经看到，即便在最初阶段，我也会毫不犹豫地向上述两位患者袒露导致他们陷入抑郁痛苦的根源所在。

说到洛朗这个案例，我曾经向他解释，自从他的父亲离世后，每当他生命中特别珍爱之人离他而去时，他都会感到自己被抛弃，然后故事就无限循环，进入死胡同——无言以对的被抛弃经历。在克拉拉的案例中，我则让她知道了婴儿抑郁的痛点是处于困境之中母亲的抑郁情绪，这就像是"传承"过来的抑郁症一样。但是，当抑郁症患者前来求助，专业心理工作者在抑郁症患者面前应该采取什么策略呢？为了严格限定相关内容，我列出了精神分析师为了帮助抑郁症患者好转而需要完成的两个任务。

神经症患者的所有不幸都停留在其想象中，而精神分析师的工作是改变其想象的内容。

——简－大卫·纳索

让我们先来设定一个前提条件。我想用一种简单的方式来陈述：

我不仅要干预抑郁症患者，我还要干预躲藏在抑郁症患者身后的那个拥有自恋情结的人。同理，我不仅要处理抑郁型悲伤的问题，还要处理导致产生抑郁型悲伤的双重幻想破灭的问题。最后，当我面对一个悲伤之人时，我时刻记住要去剖析致使其心神不宁的问题之下埋藏的怨恨情绪。这就是我们的前提条件。

一旦确定了这个思路，当我在接受某个定期见面的抑郁症患者咨询时，就会想到要完成以下两个重要任务。

我需要完成的第一个任务也是最艰巨的任务：化解现在正在蚕食抑郁症患者的强烈的愤怒（也可以理解为怨恨情绪），以及曾经造成其抑郁倾向的极端自恋情结。我之所以说这是最艰巨的任务，是因为这项工作是一件既棘手又繁重的工作。

首先，我们要向患者展示其根深蒂固的心结，这个心结并不一定存在于意识层面，对象则是令其产生不满情绪的至亲。

然后，我们要引导患者明白痛苦的幻想破灭——过度膨胀的自恋幻想是导致其抑郁并"压垮骆驼"的原因所在。如果曾经的自恋幻想已经过度膨胀，那么今日的幻想破灭必然导致抑郁。精神分析师和患者要想携手把这个具有毒性的"无所不能"的幻想歼灭，第一步就是要发现这个幻想是如何在孩童时期便潜伏进入患者的内心世界的。

例如，那个厌倦一切、抱怨美好人生从来和她没什么关系的抑郁症患者艾米莉，我对她说过："你之所以会经历某些事情，是因为你曾经非常挑剔、敏感，甚至让人难以忍受，其实你现在依然如此。没错，你之所以让人难以忍受是因为你想要的太多，你曾经是独生子女，得到了父母能够给予你的一切。你梦想拥有一切，然后你会因为没有得到所有的一切而感到不满。正因如此，你才会分不清什么是可行的，什么是不可行的。"而且，我还使用了复数形式："就像我们都不知道要谦逊为人一样。"

大家都明白，当说到"我们"的时候，我悄无声息地让我的患者内心泛起了波澜"我感觉到自己希望拥有一切的自恋和贪婪"，而与此同时，我和她说话时就像她在自言自语一样，不需要为自身的贪婪而忏悔。假设我是这么说："你想要的太多了！你知不知道什么是谦逊！"她肯定会气得暴跳如雷，拒绝接受这种说法。在具有抑郁症前期征兆的神经症患者的抱怨背后，大家总是能够发现完全无法被谴责的自恋型虚荣心（自负）。而通过使用"我们"这种称呼，我让她知道了我和她一样，我也有这种贪婪的属性。我有着和她一样的冲动，我有着和她一样的本我①，这能够纠正那个过度自满的自我。

"纠正自我"这个表述方法是弗洛伊德在某个短语中所使用的，它总是能够给我的精神分析工作提供指引，特别是在干预抑郁症患者的问题上。

大家会发现，我们应该采取的两种主要技术手段就像钟摆一样摇摆不定。在左边的"本我"身旁，我们希望抑郁症患者意识到自身极具侵略性的冲动所展示出来的尖酸刻薄，就像我试图让艾米莉知道其贪婪的属性那样。而在右边的"自我"身旁，我们则要帮助患者摒弃对自己的极端爱慕之情。我们一方面要处

---

① 弗洛伊德在《自我与本我》(1923)中提出的心理学概念，"自我""本我"和"超我"是每个人性格的组成部分。"本我"是不受外在因素约束的基本欲望、冲动和生命力。——译者注

理冲动（本我）的问题，另一方面要解决极端自恋情结（自我）的问题。

这让我想到了减缓某个女性抑郁症患者怨恨的侵略性冲动分析的例子。当时，我是这样对她说的："你并不是……你根本不是一个坏人，你并不坏。你确实具有攻击性，这点要承认，但那是因为你感到害怕。你的攻击性属于一种防御型攻击。事实上，你是出于害怕又一次遭遇背叛行为而进行攻击的。"此举属于我们的第一个任务——干预攻击性和自恋情结。

我给自己设定的第二个任务是向抑郁症患者展示，其挥之不去的权衡利弊问题并不是其想法中的灰色部分，而是太多想法超负荷运行所造成的问题。我之所以强调这一点，是因为现在大多数抑郁症主题的图书或文章都在强调负面想法。我个人认为，主要问题并不是负面想法，也不是如何着力于把负面想法转变成正面想法、从自我诋毁到自我尊重的过渡，而是尝试对强制型、源源不断涌现的自我攻击想法进行"截流"。

　　我们应该如何进行"截流"操作呢？我发现，无论抑郁症患者属于哪种神经症类型，其内心那种挥之不去的想法其实都是为了避免激起自身攻击性的一种防御行为。这是我在从事抑郁症研究之前并不知道如何解释的一种现象。我以前只知道强迫症患者无论是否患上抑郁症，都会克制其不断涌现的攻击性，否则他们会因为自身难以制止的想法而成疾，任凭他们如何自制皆是徒劳。通常，每当他的想法如潮涌时，他就会产生哀怨的感觉："这实在是令人无法忍受！我没有办法让自己的想法停下来！我给自己的脑袋来了一下狠的，试图让不断制造想法的大脑赶紧停下来，但毫无用处！"

　　从那时起，我问了自己下面这个问题：强迫症患者因想法成疾的同时也因攻击性成疾，二者之间存在什么关联？我得到的答案，也是我向大家提出的个人观点是：强迫症患者因想法成疾的原因在于避免被自身攻击性占据主导位置。其逻辑是："我想太多了，我没有办法让自己的想法停下来，因为只要我的大脑一直在想事情，我就不会那么具有攻击性，我就能够压制住我的攻击性冲动。"然而，我们都很清楚——任何防御机制或克制行为都有百密一疏的时候。哪怕是被完全压制的攻击性，也会对抑郁症患者的意识形成"滴水石穿"式的渗透，这最终成为抑郁症患者挥之不去的各种权衡利弊的想法，给悲伤渲染了一层怨恨的色彩，也让某些患者形成了希望控制一切的欲望——控制欲是攻击性的一种特定形式。

因此，当我们回到"截流"抑郁症患者冲动想法的第二个任务时，我们认为首先要做的工作是减缓其攻击性。通过控制其攻击性，我们便可以自然而然地抑制其挥之不去的各种想法。接下来的问题便是："如何控制攻击性？"或者，我们可以针对这个问题换一种说法："抑郁症患者应该如何升华其攻击性冲动？"我们也可以说："抑郁症患者应该如何正确地对待自己的毁灭性本能？"

在各种对攻击性冲动进行升华的手段中，我们可以采取激发兴趣爱好、学习欲望等方式，还可以更进一步地激发其动手和创作能力。激发其好奇心和主观能动性，就能够阻止其挥之不去的强制性想法。在这里，大家也许会产生疑问：怎么做才能让厌倦一切和厌倦自己的抑郁症患者拥有好奇心、学习的欲望，甚至是创作的意愿呢？这是我通过多位患者的案例已经顺利完成的挑战，其中尤其以我马上要详细讲述的杰雷米最为典型。大家将通过这个案例了解到干预抑郁症的另一种方法，我将其称为"图表解读法"。

综上所述，这就是我认为的精神分析师能够成功帮助抑郁症患者所需要完成的两大任务：一是对导致患者抑郁的攻击性和极端自恋情结进行干预，即抑制其曾在童年时期拥有的"无所不能"的幻想；二是通过协助其升华自身攻击性冲动，阻止其挥之不去的强制性想法。

在向大家介绍一种全新的抑郁症干预方法之前，

我想补充两点重要建议。

第一，如果你认为有必要为抑郁症患者提供支持，需要好好回忆一下他们看重的事情，关键并不在于你对他们说了些什么，而在于你是以什么姿态对他们说的，是否具有说服力，以及你的节奏（我刚刚在克拉拉案例中说到的节奏问题）。当你迫切地希望进行交流的时候，声线的振动会穿透患者的愁云，让他们放下怨恨，掐灭内心深处的怒火。

第二，为了陪伴处于内心风暴之中的抑郁症患者，不要和他们讨论动机或诱因等问题，我们只需要解开其心结即可。我们不要深究其怨言或挥之不去的病态想法；允许他们去埋怨，尊重他们，倾听他们所说的话，不要反驳他们；建议他们多讲讲小时候的事情，甚至可以带些家里的老照片过来分享；要出其不意，引导他们谈一谈过往的某些细节或现在的生活状态。

21　图表解读法

我们总是说得太多。我们应该少说多画画。

相对于说话，我更倾向于用画画来表达自己的想法。

——歌德

我将图表解读法称为"一种全新的、帮助人们缓解抑郁的方法"，之所以这样说，并不是为了彰显我的这种干预手段与其他已知方法之间的区别，而是为了突出在我与其中一位抑郁症患者的交流过程中所展现出来的意外的新亮点。这个全新亮点慢慢地"感染"了其他患者，并经证实是行之有效的举措，因此我提出了相应的概念，以便深入研究并进行广泛传播。我时刻谨记作为临床心理工作者的天职，应当始终对不断发展的实验的独创性保持开放态度。

有时候，我会很坚定地对坐在我面前躺椅上的患者提出各种问题。我会带上纸和笔，几乎整个人趴在我们中间的小矮桌上，把他告诉我的重要经历，也是导致他最终患上抑郁症的事件的时间线（尤其是平和过渡及崩溃的时间节点）画出来。我们会在上述每个事件上停留片刻，将之进行比对并尝试找到病态爱慕或病态崩溃方式的共通点。因此，这幅画便成为不仅能够激发患者好奇心的图表解读法，也是拥有无法用文字叙述的干预效果的产物，患者最后总是会问我能否让他把这张图带走。那么，这里所说的无法用文字叙述的干预效果是什么呢？

我们在干预过程中"作画"的好处在于，借此促使抑郁症患者这样一个"不作为"的患者去"作为"。当回到家后，他们会对这幅图进行修改和补充，在不知不觉中对自己的过往产生兴趣，从而促使他们告知

精神分析师他自己的新发现。这就好比我们引导他们
用另一种方式来照顾自己那些挥之不去的念头。我们
借此把其内心毫无意义的、闭塞的思维模式转化为一
种让其自我受益良多且极具创造性的思维与对待他人
的开放态度。随着时间的推移，自贬（负面自恋）情
结将转而向积极的方向发展：曾几何时，抑郁症患者
热衷于贬低自我；现在，他们对自己的过往饶有兴致。
通过这种方式，我们可以限制患者过多的想法及自贬
（负面自恋）情结。这是属于我们的，也就是精神分析
师和患者双方的图表共同解读法，因为这里必须强调
患者的积极参与。我们共同完成的时间表就是在对抗
抑郁症患者过多的想法及自贬（负面自恋）情结的战
役中获得的第一场胜仗。

干预效果的关键并不是干预手段，
而是使用某种干预手段的那个人。

——简－大卫·纳索

　　我们在这里所讲的精神分析师，与那种只会听患者叙述病情却不发表任何意见的医生形象相去甚远。我刚刚向各位介绍过，精神分析师必须展示一定的动手能力，并按照当事人无意识的描述来"作画"。这就与小朋友和艺术家一样，对精神分析师而言，这一幅幅"画作"就是自身情感升华后可视化的表达方式。

　　无论精神分析师所采取的是哪种干预手段，关键在于其介入方式的主观决定。实际上，介入干预的价值并不在于介入方式本身，而是这种方式带来的精神状态；而我的精神状态会让患者感觉到，他们的抑郁症不过是幻想破碎及所托非人所产生的后果。我希望分析对象在看到自己的时间表时，能够意识到自己抑郁发作的原因是自恋型自负状态的瓦解。画画并让隐形的无意识"翅膀"现出原形，这样的过程才可以被称为真正意义上的精神分析解读。

　　大家要清楚地知道，在什么时候把经历过的痛苦感受画出来能够帮助减缓这种痛感。正因如此，我希望通过图像化语言的形式，向各位展示我们应该如何向患者解释画画能够缓和其悲伤情绪。以下即为完整的逻辑链条：我的心情有点沉重 → 我的大脑告诉我"我现在很伤心"→ 我用手画出我的悲伤故事 → 我的眼睛接收到这个故事的信号 → 我的大脑理解了这幅画的意思 → 我的心情得到了释放。

22　杰雷米：图表解读法的典型案例

若需有所作为，则应谨慎而为，

并强调理论与实际相结合。

——简－大卫·纳索

本节，我想给各位介绍一个共同画出时间表的例子——拥有娃娃脸的 33 岁青年药剂师杰雷米。他来找我咨询时已经看过好几个专科大夫、催眠治疗师还有眼动疗法（EMDR）的临床医生。杰雷米在首次咨询时对我说，他从青少年时期到现在，抑郁症发作过 3 次，最后一次的情况是——他在两次企图轻生未遂后，被住院收治并被诊断为躁郁症。他对这个诊断结果表示怀疑，他已经自行停止服用医院给他开的药物。

我可以告诉大家很多关于这次与杰雷米首次咨询的细节内容，但我更希望告诉大家这次面谈过程中所发生的让人感到诧异的事情。这件事情能够为大家提供一些指导意见，同时让我在几周之后和我的患者一起画出了其多次抑郁症病发的时间表。那么，当时到底发生了什么事情？

当我们正在交流时，杰雷米告诉我他曾经两次企图轻生。通过细节描述，我当时立刻明白过来了——杰雷米罹患的是癔症。从根源上讲，这属于一种抑郁型疾病，而不是躁郁症。我在我们首次咨询结束时，向他表达了我认为他属于癔症（确切地说，属于具有抑郁症前期征兆的癔症）的评估结果。但是，这一评估结果在接下来的干预过程中促使我要重新认识他的经历——通过纸和笔重新认识这位出现了三次代偿失调、具有抑郁症前期征兆的癔症患者。

正因如此，我们一起画出了他自孩童时期及青少年时期开始所经历过的重大精神创伤时刻，还有导致其三次抑郁症病发的数次情感打击。杰雷米对我们的"画作"感到信服并询问我能否让他把图表带回家。在下一次干预的时候，他让我大吃一惊——他给我带来了一张铺开后足有两米长的纸条，上面事无巨细地列出了他从小时候开始的每一次病情发展经历。与此同时，他向我展示了另一幅比较小的画作，上面用一条高低起伏的蓝色线条来表示他反反复复的抑郁症病情。

　　经过这次具有决定性意义的干预之后，我们彼此都对这种精神分析疗法感到信任，并且着重解决我认为与其抑郁症存在相同根源的癔症冲突问题。

　　在结束第三部分之前，我希望最后和大家简单聊一聊精神分析师这个职业。每一次我接到患者的预约时，每一次我参与他们的工作时，每一次我从头开始写作时，我在自己无意识的情况下印证了自己存在的意愿、继续生存的意愿、希望活得越久越好并最大限度地开发自身潜能的意愿。

　　这种勇往直前的精神、生存的欲望、不断提升的希望、明天会更好的愿景，所有这些都是弥足珍贵的理想。因此，我想让大家知道，指引我向前的并不是要获得成功的理想，而是要努力坚持使命的理想。不可否认，努力的过程比最终取得的成绩更加难能可贵，付出了努力才能让我们感受到排除万难的内在快乐及努力存在的价值。

那么，我们的职业能让我们自己免于悲伤吗？我们每天早上聆听他人诉说，这属于与我们本人没有任何关联性的职业培训内容。每当我倾听患者的抱怨时，我会把自己的悲伤先放一放，我会处于一种忘我的状态之中。

参考文献

Abraham, K*., OEuvres complètes*, tome 1, p. 99 et tome 2, p. 255-314, Payot, 1965. 在其著作中，亚伯拉罕谈到了忧郁症患者的野蛮憎恨，而本书讲的是抑郁症患者的悲伤哀怨。二者具有非常明显的区别。忧郁症患者的憎恨让其走向毁灭，而抑郁症患者的哀怨让其的自我形成统一。

Azorin, J. M., Dassa, D., "Structures prédépressives", *in* Olié, J.-P., Poirier, M.-F. et Lôo, H., *Les Maladies dépressives,* Flammarion, 1995, p. 470-480.

Basso, A., "Entretien avec le Dr. A. Basso", *Rev. Ar. Neurochirurgie*, vol. 29, 4, 2015.

Beck, AT., "Thinking and depression", *Arch. G. Psychiatry*, 1963, 9, p. 324-333.

Bibring, E., "The Mechanism of Depression", in *The*

Meaning of Despair, Science House, 1968.

Bleichmar, H B., *La depresión : un estudio psicoanalítico,* Nueva Visión, 1991.

Bouvet de la Maisonneuve, O., *Narcisse et OEdipe vontà Hollywood. Psychanalyse et dépression,* O. Jacob, 2017.

Darío, R., *Chants errants*, La Délirante, 1998, p. 11.

Ducrocq, F., Vaiva, G., Molenda, S., Rosenstrauch, C., "Dépression et état de stress post-traumatique: complication ou comorbidité ?", *Stress et Trauma,* 2004, 4, p. 113-120.

Eckermann, J P., Goethe, J W., *Conversations de Goethe pendant les dernières années de sa vie,* tome 1, Charpentier, p. 426.

Ey, H., "Contribution à l'étude des relations des crises de mélancolie et des crises de dépression névrotique", *L'Évolution Psychiatrique*, 1955, 3, p. 532-553.

Ferreri, F., Agbokou, C., Nuss, P., Peretti, CS., "Clinique des états dépressifs", *EMC-Psy.,* 37110A10 et 37114A10,

Elsevier, 2006.

Fossati, Ph., Mauras, Th., "Imagerie et dépression", *in* Fossati, Ph. (sous sa direction), *Imagerie cérébrale en psychiatrie,* Lavoisier, 2015, p. 125-136.

Freud, S., "Quelques types de caractère dégagés par la psychanalyse", in *Essais de psychanalyse appliquée,* Gallimard, 1980, p. 106.

—, "Deuil et mélancolie", in *Métapsychologie,* Gallimard, 1968, p. 145-171 et 259-278.

—, *L'Avenir d'une illusion,* PUF, 1971.

—, "L'analyse avec fin et l'analyse sans fin", in *Résultats, idées, problèmes II,* PUF, 1985, p. 254.

Galinowski, A., "Psychiatrie et neurosciences", *in* Kapsambelis, V. (sous sa direction), *Manuel de psychiatrie clinique et psychopathologique de l'adulte,* PUF, 2015, p. 79-95.

Gérard, A., *Dépression. La maladie du siècle,* Albin Michel, 2010.

—, et Cuche, H., *Je vais craquer*, Flammarion, 1988.

—, et Gourion, D. (sous leur direction), *Dépressions difficiles et dépressions résistantes. Optimisation des stratégies psycho-pharmacologiques*, Elsevier, 2013.

Gourion, D., Lôo, H., *Les Nuits de l'ame*, O. Jacob, 2007.

Grinberg, L., *Culpabilité et dépression*, Les Belles Lettres, 1992.

Guelfi, J D., "Nosographie et évaluation des dépressions", in *Les Troubles dépressifs récurrents*, Flammarion, 2003, p. 1-14.

Janet, P., *De l'angoisse à l'extase*, Alcan, 1926, p. 217-357.

Kapsambelis, V. (sous sa direction), *Manuel de psychiatrie clinique et psychopathologique de l'adulte,* PUF, 2015.

Karlsson, H., "How psychotherapy changes the brain: understanding the mechanisms", *Psychiatric Times*, vol. 28, 2011.

Krebs, M. O., Bourgin, J., Poirier, M. F., "Neurobiologie de la dépression", in Goudemand, M. (sous sa direction),

Les états dépressifs, Lavoisier, 2010.

Landman, P., *Tristesse business. Le scandale du DSM5*, Max Milo, 2013.

Lebigot, F., *Traiter les traumatismes psychiques*, Dunod, 2016.

Lemoine, P., *Dépression*, Larousse, 2006.

Levy, F., Jouvent, R., "Vers une compréhension des mécanismes des psychothérapies", *in* Fossati, Ph. (sous sa direction), *Imagerie cérébrale en psychiatrie, op. cit.*, p. 285-292.

Linden, D., "How psychotherapy changes the brain: the contribution of functional neuroimagery", *Mol. Psychiatry*, 2006, vol. 11, p. 528-538.

Marcelli, D., et Catry, C., "Dépression chez l'adolescent", *in* Goudemand, M. (sous sa direction), *Les états dépressifs, op. cit.*, p. 49-60.

Nacht, S., Racamier, P. C., "La dépression", *R. Fr. Psy.*, 1, 1968.

Nasio, Daphné, *La Tristesse après le délire ou la dépression postpsychotique chez le patient schizophrène stabilisé.* Thèse. école de psychologues praticiens, 2007.

Nasio, J.-D., *L'Inconscient, c'est la Répétition!*, Payot, 2012. 作者在此书中提出了"由精神分析解读的三种共情"和"幼儿心理创伤"的概念。

—, *Enseignement de 7 concepts cruciaux de la psychanalyse*, Payot, 2016. 作者在此书中提出了"丧失"的概念。

—, *Oui, la psychanalyse guérit !,* Payot, 2016. 作者在此书中介绍了精神分析师的工作方式。

—, *La Douleur d'aimer,* Payot, 2020. 作者在此书中提出了"普通型哀悼"和"病理性哀悼"的概念。

Olié, J.-P., Lôo, H., Poirier, M. F., *Les Maladies dépressives*, Flammarion, 2003.

—, et Gay, O., Lôo, H., Poirier, M. F., "Chimiothérapies antidépressives", *in* Goudemand, M. (sous sa direction), *Les états dépressifs, op. cit.*, p. 395-427.

Pelissolo, A., "Anxiodépression", *in* Goudemand, M. (sous sa direction), *Les états dépressifs, op. cit.*, p. 111-116.

Peron-Magnan, P., Galinowski, A., "La Personnalité dépressive", *in* Féline, A., Hardy, P., de Bonis, M., *La Dépression*, Masson, 1987, p. 95-122.

Rado, S., "El problema de la melancolía", *in* Garma, A., Rascovsky, A., *Psicoanálisis de la melancolía*, APA., 1948.

Sully, J., *Les Illusions des sens et de l'esprit*, Baillière, 1883, p. 134, 225.

Zetzel, E., "The Predisposition to Depression", *J. Canad. Psychiat., Assn. Suppl.,* 11, 1966, p. 236-249.

致谢

　　我特此向在 1940～1970 年间发表了大量关于抑郁症的文章和重要著作的欧洲、美国以及拉丁美洲的精神分析学家致以由衷的敬意。

　　当你在阅读这一时期许多与抑郁症有关的出版物时，相关内容的主题多样性、探究问题的方式，尤其是这些恢宏巨著所展现出来的思想深度都让人深深折服！

　　正是由于上述所有精神分析和精神病学瑰宝的贡献，让我们现在学会了在深刻地思考抑郁症的同时，更好地照顾我们的抑郁症患者。

版 权 声 明